Dr. John F. Demartini

Genieße, was dir ist beschieden …

Dr. John F. Demartini

Genieße, was dir ist beschieden ...

Die heilende Kraft von Dankbarkeit und Liebe

AURUM VERLAG

Das englische Original erschien unter dem Titel „Count Your Blessings. The Healing Power of Gratitude and Love" im Verlag Element Books, Inc., Rockport, MA 01966, USA.

Ins Deutsche übersetzt von Christine Bendner.

Umschlaggestaltung und Fotografik auf dem Titel: Sabine Potyka

Die Deutsche Bibliothek – CIP-Einheitsaufnahme

Demartini, John F.:
Genieße, was dir ist beschieden . . . : die heilende Kraft von Dankbarkeit und Liebe / John F. Demartini. [Ins Dt. übers. von Christine Bendner]. - Braunschweig : Aurum-Verl., 1998
   Einheitssacht.: Count your blessings <dt.>
   ISBN 3-591-08429-8

1998
ISBN 3-591-08429-8
© 1997 John F. Demartini
© der deutschen Ausgabe Aurum Verlag GmbH, Braunschweig
Gesamtherstellung: Westermann Druck Zwickau GmbH

Inhalt

Vorwort 9

1 Dankbarkeit und Liebe sind das Herzstück der Heilung 11

2 Seien Sie dankbar für Ihr gebrochenes Herz 23

3 Tun Sie, was Sie lieben, und lieben Sie, was Sie tun 31

4 Ihr Glaube bestimmt über Ihren Erfolg 39

5 Was du säst, wirst du ernten 49

6 Jeder Wunsch, der von Herzen kommt, kann in Erfüllung gehen 58

7 Wenn Sie nicht wissen, wohin Sie gehen, kommen Sie woanders an 66

8 Ihre Grenzen existieren nur in Ihrem Kopf 76

9 Je klarer Ihr Ziel ist, desto effektiver werden Sie darauf hinarbeiten 85

10 Sie werden nie vor ein Problem gestellt, das Sie nicht lösen können 95

11 Das Geheimnis vitaler Menschen heißt Inspiration 104

12 Ein gesunder Geist sorgt für einen gesunden Körper 111

13 „Frönen" Sie dem Maßhalten 120

14	Geld verliert seinen Wert, wenn man es hortet . .	128
15	Inspiriertes Dienen bringt Wohlstand und Anerkennung.	136
16	Vernarrtheit bringt Ärger.	144
17	Jeder ist Ihr Spiegel	152
18	Alles, was Sie zu anderen sagen, sagen Sie zu sich selbst.	164
19	Die Dinge, an denen es Ihnen Ihrer Meinung nach mangelt, wünschen Sie sich am meisten . . .	172
20	Alles, wovor Sie weglaufen, begegnet Ihnen an der nächsten Ecke wieder	180
21	Ihre Lebensqualität hängt von der Qualität Ihrer Fragen ab	188
22	Nichts im Leben hat irgendeine Bedeutung außer der, die wir ihm geben.	196
23	Es gibt nichts zu verzeihen.	204
24	Ihr Herz und Ihre Seele verfügen über die Weisheit der Jahrtausende	214
25	Bedingungslose Liebe ist der Schlüssel zu Ihrem Herzen und zu Ihrer Seele	222

Schlußwort 233

Quellen 234

Über den Autor. 235

Danksagung 236

Dieses Buch ist all jenen Menschen gewidmet,
die ihren Geist, ihren Körper und ihr Leben
durch die Kraft von Dankbarkeit und Liebe heilen
möchten.

Vorwort

Ich weiß nicht, was ich in den Augen der anderen bin, aber für mich selbst war ich anscheinend immer einfach ein Junge, der am Meeresstrand spielt und dem es Freude macht, hin und wieder einen noch glatteren Kieselstein oder eine noch schönere Muschel als gewöhnlich zu finden, während der mächtige Ozean der Wahrheit ganz unentdeckt vor mir liegt.

Isaac Newton

Als ich ein kleiner Junge war, brachten mir meine Eltern bei, für meine Gesundheit, mein Leben und all die Wunder der Welt dankbar zu sein. Sie erinnerten mich oft daran, die Geschenke, die das Leben mir gab, zu zählen, und das wurde im Laufe der Zeit Teil meines täglichen Lebens. Während meines Studiums und später, als ich die Prinzipien der Heilkunst professionell anwandte, beobachtete ich eine starke Verbindung zwischen Dankbarkeit, Liebe und Heilung. Vor über fünfzehn Jahren begann ich, meine Forschungen auf diesen Bereich zu konzentrieren, und auch heute noch freue ich mich über jedes Heilungsprinzip, das ich erkenne.

Jede Verbindung, die ich zwischen Dankbarkeit, Liebe und Heilung entdecke, ist wie ein leuchtender Stern, ein perfekter Kieselstein im Fluß des Bewußtseins. Und jeden Morgen erwache ich mit einem Gefühl der Vorfreude, in der Erwartung, daß ich ein weiteres Gesundheitsprinzip entdecken könnte, eine weitere inspirierende Geschichte der Heilung, um sie mit anderen zu teilen. Deshalb habe ich die *Concourse of Wisdom School of Philosophy and Healing* gegründet. Außerdem habe ich aus diesem Grund den *Collapse Process* entwickelt und dieses Buch geschrieben.

Die vielen universellen Prinzipien und Geschichten, die ich mit Ihnen teilen kann, bilden die Grundlage für ein gesundes und erfüllendes Leben, das wir alle führen können, wenn wir uns auf die heilende Kraft von Dankbarkeit und Liebe einschwingen. Wenn Sie diese Prinzipien anwenden, werden Sie davon profitieren, indem Sie Ihren Geist und Ihren Körper dadurch heilen, daß Sie der Weisheit Ihres Herzens und Ihrer Seele folgen und mit der mächtigsten Kraft im Universum – der Kraft von Dankbarkeit und Liebe – in Kontakt kommen.

Jedes dieser Prinzipien und jedes Fallbeispiel kann Ihnen helfen, einen weiteren Schritt hin zur Heilung jener Bereiche Ihres Lebens zu machen, in denen Sie Heilung erfahren möchten, und auf Ihrer einzigartigen, besonderen Reise Quantensprünge in Ihrer persönlichen und spirituellen Entwicklung zu machen.

Danke,
Dr. John F. Demartini

1 | *Dankbarkeit und Liebe sind das Herzstück der Heilung*

> Wunder stehen nicht im Gegensatz zur Natur, sondern im Gegensatz zu dem, was wir über die Natur wissen.
>
> *Augustinus*

Wir alle haben die Heilkraft bedingungsloser Liebe in uns, doch manchmal glauben wir unklugerweise, wir könnten nicht geheilt werden. Wenn wir krank sind, sind wir leicht geneigt, auf unsere Ängste zu hören und der Versuchung zu erliegen, in unserem Bemühen um Heilung ausschließlich auf konkrete, physische Heilmittel zu vertrauen, die wir sehen und anfassen können. Doch wenn wir uns eine umfassendere und dauerhaftere Heilung wünschen, müssen wir einen Schritt über das hinausgehen, was wir sehen oder anfassen können, und auf die innere Weisheit unseres Herzens und unserer Seele hören.

Diese innere Weisheit, die sich in Dankbarkeit und bedingungsloser Liebe ausdrückt, ist die mächtigste heilende Kraft, die es gibt. Ihre reine Energie kann jede Krankheit, jedes Leiden, jeden negativen Zustand heilen. Wir können den ärztlichen Begriff „inkurabel" (unheilbar) einfach als „kurierbar von innen" übersetzen. Und wenn wir dankbar sind für das, was ist, wenn es ist, öffnet sich unser Herz und schickt uns seine heilenden Botschaften. Das sind jene Augenblicke, in denen wir unsere innere Stimme vernehmen und von unserem Herzen, unserer Seele geführt werden. Indem wir dankbar sind und unser Herz der bedingungslosen Liebe öffnen, kommen wir in Kontakt mit dem Urprinzip der Heilung.

Dieses Urprinzip bewirkt jene Spontanheilungen, die manche als Wunder bezeichnen, wenn wir seine Kraft dadurch verstärken, daß wir vollkommen präsent sind und die absolute Gewißheit haben, daß Heilung stattfinden kann und wird. Die begnadetsten Heiler wissen, daß jene Kraft, die den Körper erschuf, den Körper auch heilen kann, und sie teilen diese Gewißheit mit ihren Patienten. In vielen Fällen wissen sie mit Sicherheit, daß innere Kräfte für die Heilung bestimmter als unheilbar oder tödlich bezeichneter Zustände oder Krankheiten verantwortlich waren – einfach weil keine traditionellen Heilanwendungen oder Medikamente verabreicht wurden. Beschränken wir uns allerdings auf physikalische Anwendungen und Medikamente, kommen wir nicht in den Genuß der Segnungen jener unbegrenzten Quelle der Heilung in unserem Innern.

Ich bin dankbar für die Gelegenheit, die persönlichen Berichte von Menschen, die Heilung erfuhren, mit Ihnen teilen zu können, denn sie erinnern uns daran, was möglich ist. Der Glaube daran, daß wir uns selbst heilen können, ist ein wesentlicher Teil des Heilungsprozesses. Manchmal blockieren Menschen die Heilkraft bedingungsloser Liebe, weil sie das Gefühl haben, Heilung nicht zu verdienen, oder weil sie an Wut oder anderen unausgeglichenen Gefühlszuständen festhalten. Angie, eine meiner früheren Patientinnen, die ich chiropraktisch behandelt hatte, suchte mich nach einem Unfall auf, bei dem sie Verletzungen im Nacken und Rücken davongetragen hatte. Sie war Turnerin und gerade auf dem Weg zu einer Sportveranstaltung gewesen, als ein Kleinbus ihr Auto seitlich gerammt hatte. Angie mußte einige Tage im Krankenhaus bleiben und verbrachte dann mehrere Wochen zuhause, aber ihr Zustand besserte sich nicht. „Ich bin immer noch völlig unbeweglich. Ich kann meinen Kopf noch nicht drehen, und mein Rücken fühlt sich steif wie ein Brett an", erklärte sie mir. Ich bat Angie, mir von dem Unfall zu erzählen, und sie schilderte den Unfallhergang so, wie sie sich daran erinnerte. Ihre Stimme wurde immer lauter und schneller, und ihr Gesicht begann sich vor Aufregung zu röten. Sie sagte, sie sei sehr wütend, weil sie befürchte, monatelang nicht an Turnieren teilnehmen zu können. „Warum mußte das mir passieren?" fragte sie. Während sie sprach, konnte ich beobachten, wie ihr Körper sich noch mehr verspannte und noch steifer wurde. Mir wurde klar, daß sie die Heilung durch ihre Wut und Undankbarkeit vermutlich selbst verzögerte. Ich erklärte ihr, daß sie ihr Herz öffnen und von der Heilkraft bedingungsloser Liebe profitieren könne, wenn es ihr gelänge, ihre Gefühle in bezug auf den Unfall ins Gleichgewicht zu bringen. „Was meinen Sie damit; wie soll ich meine Gefühle ins Gleichgewicht bringen?" fragte sie. „Ich kann doch an meinen Gefühlen nichts ändern!"

Ich erklärte ihr, daß unsere Gefühle auf unserer Wahrnehmung beruhen. Die Tatsache, daß wir unsere Meinungen und Überzeugungen ändern können und das auch tun, zeigt, daß wir auch unsere Wahrnehmungen und Gefühle in bezug auf bestimmte Situationen oder Ereignisse ändern können. „In Ordnung", sagte sie, „aber was hat das mit der Heilung meines Nackens zu tun, so daß ich wieder turnen kann?" Ich wies Angie darauf hin, daß die Wut, die sie über ihre Verletzung empfand, möglicherweise ihren Heilungsprozeß blockierte, und erklärte ihr, daß sie die Wut in Dankbarkeit und in die Heilkraft bedingungsloser Liebe umwandeln könne, indem sie ihre Wahrnehmungen ins Gleichgewicht brächte. Sie stimmte mir zu, daß es einen Versuch wert sei, und versprach, am nächsten Tag wiederzukommen.

Als Angie zum vereinbarten Termin erschien, erläuterte ich ihr eine Methode, die ich entwickelt habe, um Patienten zu helfen, ihre Wahrnehmungen ins Gleichgewicht zu bringen und die Quelle bedingungsloser Liebe anzuzapfen. Ich nenne diese Methode den *Collapse Process*. In den nächsten paar Stunden arbeitete Angie daran, ihre Wahrnehmungen in bezug auf den Zusammenstoß, den Fahrer des Kleinbusses und ihre Verletzung ins Gleichgewicht zu bringen. Schließlich entdeckte sie an ihrem Autounfall, an dem anderen Fahrer und sogar an ihrer eigenen Verletzung genauso viele positive wie negative Aspekte. Sie erkannte, daß sie sich im Straßenverkehr anderen Verkehrsteilnehmern gegenüber schon genauso verhalten hatte, wie der Fahrer des Kleinbusses, dem sie jetzt die Schuld gab. Und sie erkannte, daß sie aufhören wollte, andere zu beschuldigen, und anfangen zu heilen.

Als Angie den letzten Schritt in diesem Prozeß gemacht hatte, schaute sie mich mit Tränen in den Augen an und sagte: „Meine Güte! Ich *kann* meine Gefühle beeinflussen. Ich begreife es wirklich. Vorwürfe bringen überhaupt nichts. Jetzt, in diesem Moment, bin ich wirklich dankbar dafür, daß ich überhaupt am Leben bin." Ich bat Angie, mit mir hinüber in den Behandlungsraum zu gehen und sich weiterhin auf ihre Dankbarkeit zu konzentrieren und auf ihre Vision, wieder völlig beweglich zu werden. Dann führte ich die chiropraktische Behandlung durch und bat sie, sich danach noch eine Weile zu entspannen, damit sie fühlen konnte, wie die bedingungslose Liebe ihren Nacken und ihren Rücken heilte. Als sie sich langsam aufsetzte und dann aufstand, sah ich, daß sie ihre Beweglichkeit bereits teilweise wiedererlangt hatte. Sie bestätigte meine Beobachtung. „Ich kann meinen Kopf wirklich schon wieder ein wenig drehen", sagte sie mit einem breiten Lächeln.

Ich unterstützte Angies inneren Heilungsprozeß mit ein paar weiteren chiropraktischen Behandlungen, und genau einen Monat nach Beendigung ihres *Collapse*-Prozesses wurde sie mit ihrer Darbietung auf dem Schwebebalken Siegerin bei einem Turnwettkampf.

Jede vollständige Heilung wird durch Liebe und Dankbarkeit bewirkt

> Es ist die Liebe, die Menschen heilt – diejenigen, die die Liebe empfangen, und auch diejenigen, die sie geben.
> *Karl A. Menninger*

- Bedingungslose Liebe heilt.
- Echte, von Herzen kommende Dankbarkeit setzt bedingungslose Liebe frei.

- Die Kraft, die den Körper erschuf, kann den Körper heilen.
- Ganz gleich, was ein Heiler oder Therapeut tut, er kann Ihren eigenen natürlichen oder inneren Heilungsprozeß nur unterstützen.

Krankheit und Leid bedeuten für uns in der Tat oft Glück im Unglück, weil sie unsere Selbstzufriedenheit über die Fiktionen, die wir uns in bezug auf unser Leben zurechtgelegt haben, zunichte machen und uns zwingen, in unserem Leben präsent zu sein. Manchmal erweckt erst eine Verletzung oder eine Krankheit unsere Liebe zum Leben. Kaum eine Situation zwingt uns mehr zur gründlichen Bestandsaufnahme als die Möglichkeit, daß unser Tod sehr nahe ist. Für viele Menschen ist der Tag, an dem bei ihnen eine lebensbedrohliche Krankheit diagnostiziert wird, der Tag, an dem sie wahrhaft zu leben beginnen und anfangen, das Leben zu schätzen.

Das war auch bei einer liebenswerten Frau namens Josefine der Fall, die mir ihre inspirierende Geschichte vor einigen Jahren erzählte. Als ich sie zum erstenmal traf, war sie siebenundsiebzig, und sie ist noch heute eine der vitalsten Persönlichkeiten, die ich kenne. Sie sprüht vor Energie und strahlt so viel Liebe aus, daß ihre Augen zwinkern und sie von innen zu leuchten scheint. Ihre Geschichte begann, als sie Ende fünfzig war. Die Ärzte diagnostizierten bei ihr einen bösartigen Hirntumor und beschlossen, die Operation wenige Tage später durchzuführen. Josefine sollte zunächst nach Hause zurückkehren und sich in der Zwischenzeit ausruhen. „Diese drei Tage waren die schlimmsten und die besten meines Lebens", sagte Josefine.

Ich setzte mich in den Schaukelstuhl auf der Terrasse hinter dem Haus, lauschte dem Gesang der Vögel und ließ mein Leben Revue passieren. Ich wußte, daß meine häufigen Anfälle von Wut und Frustration und all die Augenblicke, in denen ich mich lieblos verhalten hatte, irgendwie zu dieser Entwicklung beigetragen hatten. Ich lachte und weinte gleichzeitig, und ich erkannte, daß oft gerade die Ereignisse in meinem Leben, die zum Zeitpunkt ihres Geschehens so furchtbar zu sein schienen, später zu etwas Positivem geführt hatten. Und mir kam der Gedanke, daß das vielleicht – irgendwie – auch auf meinen Tumor zutreffen könnte.

Josefine nahm Kontakt mit ihren Angehörigen auf und bat sie, sie zu besuchen. Während sie auf ihre Ankunft wartete, schrieb sie jedem von ihnen einen Brief und dankte ihnen für all die Liebe, die sie ihr gezeigt hatten, für alles Gute und für alle Geschenke, die sie im Laufe der Jahre von ihnen bekommen hatte. Sie trafen alle einen Tag vor dem Operationstermin ein und begleiteten sie am nächsten Tag ins Krankenhaus. Sie erzählten Geschichten und scherzten miteinander, bis die Besuchszeit vorüber war.

Als alle gegangen waren, schaute Josefine aus dem Fenster hinaus in den Sternenhimmel und war mit einemmal sehr dankbar für alle Geschenke des Lebens. Sie fühlte sich so voller Liebe, daß ihr Tränen der Dankbarkeit über das Gesicht liefen. Sie erinnert sich:

Ich fühlte mich völlig in Liebe eingehüllt und empfand vollkommenen inneren Frieden. Dann war mir, als sei hinter mir ein Licht angegangen, und ich drehte mich um. Was ich erblickte, sah aus wie eine wunderschöne junge Frau mit langem, fließendem Haar, die von einem strahlenden Lichtschein umgeben war. Sie lächelte mir zu und sagte, sie sei ein Engel und hätte meine Liebe gespürt. Sie sei gekommen, um mir zu versichern, daß alles gutgehen würde. Ich hätte noch sehr viel Zeit, um meine Lebensaufgabe zu erfüllen. Dann sagte sie: „Vergiß nie, daß es deine Liebe und deine Dankbarkeit waren, die deine Heilung bewirkt haben, Josefine. Du bist gesegnet." Ich schloß meine Augen, als sie mich umarmte, und als ich sie wieder öffnete, war sie verschwunden.

Den Rest der Nacht verbrachte Josefine hellwach im Bett, dachte über das Geschehene nach und fragte sich, was wohl ihre Lebensaufgabe sei. Als sie überlegte, was sie wirklich gern tun würde, wurde ihr klar, daß sie gern als Lebensberaterin oder Therapeutin arbeiten würde, und sie beschloß, eine entsprechende Ausbildung zu machen, um sich diesen Traum zu erfüllen.

Als ihre Kinder am nächsten Morgen das Krankenzimmer betraten, erklärte sie ihnen, daß die Operation nicht mehr nötig sei, und bat sie, sie nach Hause zu bringen. Der Arzt riet ihr dringend davon ab, das Krankenhaus zu verlassen, aber sie bestand darauf. Sie versprach, sich in einigen Monaten einer Kontrolluntersuchung zu unterziehen, und versicherte ihm, daß sie ihn anrufen würde, falls irgendwelche Probleme auftreten sollten. Als Josefine zur Kontrolluntersuchung ins Krankenhaus zurückkehrte, hatte sie ihre Kraft und Vitalität zurückgewonnen, und der Arzt und ihre Familie feierten, als sie erfuhren, daß der Tumor, der etwa so groß wie ein Golfball gewesen war, auf wundersame Weise verschwunden war.

Gewißheit und Präsenz intensivieren den Heilprozeß

> Derjenige, der sagt, es kann nicht getan werden, sollte den nicht stören, der es tut.
> *Chinesisches Sprichwort*

- Seien Sie gewiß, daß Sie gesund werden.
- Visualisieren Sie sich selbst bei Tätigkeiten, die Sie am liebsten tun, und glauben Sie daran, daß Sie diese Dinge nach Ihrer Genesung wieder tun werden.
- Füllen Sie Ihr Herz mit so vielen Gedanken der Dankbarkeit, daß kein Raum für Ängste und Sorgen bleibt.
- Seien Sie empfänglich für die heilende Kraft der bedingungslosen Liebe.

Die Gewißheit, daß Sie gesund werden, und Ihre Empfänglichkeit für die Botschaften Ihres Herzens und Ihrer Seele können Ihren Heilungsprozeß beschleunigen. Zweifel und Ängste entfernen Sie von Ihrer inneren Weisheit und blockieren den Fluß der Heilenergie. Sind Sie jedoch dankbar für das, was ist – wenn es ist –, so wird das Ihren Heilungsprozeß beschleunigen und intensivieren.

Vor ein paar Jahren gab mir das Leben Gelegenheit, einem Mann namens Michael zu helfen, einem Tänzer, der aufgrund einer Verletzung vom Nacken an abwärts gelähmt war. Vor seinem Unfall hatte ich ihn ein paarmal wegen leichterer Verspannungen chiropraktisch behandelt. Es war sein Traum gewesen, am Broadway aufzutreten, und durch die Lähmung war er psychisch am Boden zerstört. Michael konnte zwar seinen Kopf und die Arme noch bewegen, aber er glaubte den Ärzten, die ihm sagten, daß er nie wieder in der Lage sein würde zu gehen. Er verlor jegliches Interesse daran, auf eine Besserung seines Zustandes hinzuarbeiten, und war bald auch nicht mehr in der Lage, sich klar auszudrücken. Er litt unter einem zerstörten Körper und einem gebrochenen Herzen.

Als er im Rollstuhl in meine Praxis gebracht wurde, hing sein Kopf so tief herunter, daß wir keinen Augenkontakt aufnehmen konnten. Ich erkannte, daß er sich fast aufgegeben hatte, also ging ich vor seinem Rollstuhl in die Hocke, nahm seine Hände in meine, schaute ihm in die Augen und sagte: „Michael, wenn du deine Vision und deinen Traum verlierst, wirst du dein Leben verlieren und vielleicht nie wieder aus diesem Rollstuhl herauskommen. Du mußt das Licht am Ende des Tunnels sehen. Du mußt in der Lage sein zu begreifen, daß du wieder gehen wirst. Du mußt dich tanzen sehen. Du mußt dich auf der Bühne sehen, Michael. Du mußt dich geheilt sehen. Du mußt es dir bildlich vorstellen ... Wenn du es dir nicht vorstellen kannst, kann dein Organismus diesen Zustand nicht herstellen. Selbst wenn es dir jetzt unmöglich erscheint, mußt du das Unmögliche als reale Möglichkeit sehen."

Er begann zu weinen. „Ich will einfach gehen können", sagte er. „Ich will einfach in der Lage sein zu gehen. Warum muß ich das durchmachen?" „Das ist ein Geschenk", sagte ich, „und solange du es nicht als Geschenk sehen kannst, wird es dich behindern. Es gibt keine Krise ohne Segen, kein Unglück ohne Geschenk."

Ich gab Michael eine Videokassette mit und bat ihn, sie sich so oft anzuschauen, bis er Licht am Ende des Tunnels sehen könne, bis er sich gehen und tanzen sehen könne. Ich erklärte ihm: „Du mußt vor deinem geistigen Auge eine virtuelle Realität kreieren, die stärker ist als deine physische Realität." Er weinte, legte seinen Arm auf meine Schulter und zog mich zu sich herab. Wir hielten einander im Arm. In diesem Augenblick sah er Licht am Ende des Tunnels. Mit Tränen in den Augen sagte er: „Ich werde wieder gehen."

Das Videoband, das ich Michael mitgegeben hatte, handelte von Morris Goodman, der auch der „Wundermann" genannt wird. Goodman hatte einen Flugzeugabsturz überlebt, bei dem er unzählige Knochenbrüche und einen Schädelbruch erlitten hatte. Er war gelähmt gewesen und hatte schließlich wieder gehen gelernt. Seine Geschichte gehört zu den inspirierendsten Beispielen für eine Heilung, die ich kenne.

Als Morris nach dem Absturz ins Krankenhaus eingeliefert wurde, glaubte niemand, daß er überleben würde. Aber er überlebte. Obwohl er ins Koma fiel, hielt er am Leben fest. Seine Angehörigen wußten, daß er Zig Zigler und dessen Lebensphilosophie mochte, also brachten sie einen Kassettenrecorder ins Krankenhaus mit und spielten ihm Ziglers Kassetten mit den inspirierenden Botschaften immer wieder vor. Als ich Morris traf, erzählte er mir, daß er im Koma Dinge wahrgenommen hatte und die Kassetten hören konnte. Er beschloß, sich darauf zu konzentrieren, willentlich ein Auge und einen seiner Finger zu bewegen. Er erzählte, daß er drei Wochen damit zugebracht hatte zu visualisieren, wie er seinen Finger bewegte und mit dem Augenlid zwinkerte. Eines Tages, als die Krankenschwester im Zimmer war, konnte er mit dem Augenlid zwinkern, und die Schwester sah es. Am nächsten Tag bewegte er seinen Finger, und die Schwester bemerkte das ebenfalls. Er versuchte zu kommunizieren, damit die Ärzte und seine Angehörigen ihn nicht aufgeben würden. Im Laufe der folgenden Monate begann sein Körper wieder zu funktionieren, und am Ende verließ er das Krankenhaus aufrecht gehend.

Ich bat Michael, sich zwischen den chiropraktischen Behandlungen den Dokumentarfilm über den Wundermann immer wieder anzuschauen. Das tat er etwa drei Monate lang, aber keine wesentliche Besserung trat ein. Selbst mir fiel es zunehmend schwer, eine hoffnungsvolle Vision und die Gewißheit, daß er geheilt würde, aufrechtzuerhalten, weil ich überhaupt keine Fortschritte sah. Als ich dann eines Tages ins Behandlungszimmer trat, spürte ich den starken Impuls, an seinem Nacken zu arbeiten. Er hatte Drähte und Schrauben in seinem Nacken, aber meine innere Stimme sagte mir, daß es ihm helfen würde, wenn ich an seinem Nacken arbeitete. Ich erkannte, daß meine eigene Angst mich bisher davon abgehalten hatte. Also hörte ich auf meine innere Stimme und renkte seinen Nacken ein. Am Abend desselben Tages konnte er seine Zehen bewegen. An diesem Tag schwor ich mir, von nun an immer auf die Botschaften meines Herzens zu hören.

Ich behandelte Michael weiterhin chiropraktisch und stellte fest, daß sein Zustand sich Tag für Tag ein ganz klein wenig besserte. Noch bevor ein Jahr vergangen war, war er in der Lage, aufzustehen und das Gleichgewicht zu halten. Er hielt an seinem Traum fest und konzentrierte sich weiterhin auf das Licht am Ende des Tunnels, bis er eines Tages, an einem Montag, in der Rezeption meiner Praxis aufstand, zwei Schritte auf mich zu machte und mir in die Arme fiel. Im Laufe der nächsten Jahre besserte sich Michaels Zustand so weit, daß er seinen Rollstuhl auf den Dachboden stellen konnte. Und schließlich tanzte er auf seiner eigenen Party.

Die Wahrheit ist ...

Jede Wahrheit durchläuft drei Phasen, bevor sie erkannt wird. Zuerst wird sie lächerlich gemacht, dann wird ihr Widerstand entgegengesetzt und schließlich wird sie als selbstverständlich betrachtet.
Arthur Schopenhauer

- Die Kraft, die den Körper erschaffen hat, kann den Körper heilen.
- Inkurabel bedeutet kurierbar von innen.
- Dankbarkeit und bedingungslose Liebe bewirken eine tiefere und vollständigere Heilung.
- Gewißheit und Präsenz verstärken die Heilenergie der bedingungslosen Liebe.
- Es gibt keine stärkere Heilkraft als bedingungslose Liebe.

Gedanken ...

Die wahren Heiler aller Krankheiten sind die natürlichen Kräfte in unserem Innern.
Hippokrates

1. Schließen Sie die Augen und visualisieren Sie den Zustand oder die Krankheit, den oder die Sie heilen möchten.
2. Denken Sie darüber nach, auf welche Weise Sie von diesem Zustand oder dieser Krankheit profitieren.
3. Visualisieren Sie, wie die Energie bedingungsloser Liebe jede Zelle Ihres Körpers erfüllt und Sie vollständig heilt.
4. Seien Sie gewiß, daß Sie gesund werden.

... verwirklichen

> Denn mit Gott ist nichts unmöglich. *Lucas 1, 37*

1. Schreiben Sie den Zustand oder die Krankheit, die Sie heilen möchten, auf ein Blatt Papier.
2. Schreiben Sie in eine Spalte alle Nachteile oder Behinderungen, die dieser Zustand oder diese Krankheit mit sich bringt. Notieren Sie dann in einer weiteren Spalte ebenso viele positive Aspekte des Zustandes oder der Krankheit.
3. Stellen Sie eine Liste jener Dinge zusammen, die Sie nach Ihrer Heilung tun werden.
4. Schreiben Sie sich selbst einen Brief, in dem Sie sich dafür danken, daß Sie die Ausgewogenheit Ihrer Situation oder Krankheit erkennen. Werden Sie demütig und öffnen Sie Ihr Herz für die Heilkraft der Dankbarkeit und der bedingungslosen Liebe.

Affirmationen

- Ich bin dankbar für meinen Zustand, so wie er ist.
- Ich öffne mein Herz für die Heilkraft der bedingungslosen Liebe.
- Ich bin dankbar und weiß, daß ich geheilt werde.
- Ich heile meinen Körper und meinen Geist.

2 | *Seien Sie dankbar für Ihr gebrochenes Herz*

> Alles, was ich gesehen habe, lehrt mich, dem Schöpfer im Hinblick auf all das zu vertrauen, was ich nicht gesehen habe. *Ralph Waldo Emerson*

Nur weil Sie die Geschenke, die Ihr Herzeleid für Sie bereithält, nicht sehen können, heißt das nicht, daß sie nicht existieren. Die Ereignisse und Situationen in unserem Leben, die uns den meisten Schmerz bereiten, bieten uns gleichzeitig die besten Gelegenheiten, das Wunder der bedingungslosen Liebe und die Vollkommenheit des Universums zu erfahren. In Wirklichkeit gibt es so etwas wie ein „gebrochenes Herz" nämlich überhaupt nicht. Das Gefühl, das wir als gebrochenes Herz bezeichnen, ist einfach das Resultat der inneren Leere und Enttäuschung, die wir verspüren, wenn die Illusion einer Verliebtheit sich auflöst oder wir glauben, jemanden oder etwas verloren zu haben. Diese unausgeglichenen Illusionen können uns krank machen, wenn wir sie nicht durch Dankbarkeit und bedingungslose Liebe ins Gleichgewicht bringen. Wenn Sie an der Illusion festhalten, daß jemand, den Sie lieben, für immer physisch in Ihrem Leben präsent sein wird, könnte es sein, daß Sie sehr schwere Zeiten durchmachen, wenn dieser Mensch Sie auf der physischen Ebene verläßt – entweder weil die Beziehung zu Ende ist oder weil er jenes Tor durchschreitet, das manche Tod nennen. Wenn Sie Ihr Herz jedoch für die Segnungen dieser Erfahrung öffnen, können Sie von jedem Übergang in Ihrem Leben, von jeder Transformation profitieren. Denken Sie daran: Sie sind Meister Ihres Schicksals und Kapitän Ihres Seelenschiffes. Während wir uns auf dieser Reise befinden, die Leben genannt wird, und die Herausforderungen annehmen, die schwierige Lebenserfahrungen mit sich bringen, löst die Liebe unsere Illusionen auf und verleiht uns größere Kraft. Ich erinnere mich noch gut an einen Klienten, der nach dreiundzwanzigjähriger Ehe damit konfrontiert wurde, daß seine Frau sich scheiden ließ. Er durchlitt so viel Schmerz und Trauer, daß es ihm schwerfiel, im Alltag zu funktionieren. Er sagte: „Ich kann einfach nicht glauben, daß sie mich nach all den Jahren verläßt. Ich dachte, wir würden für immer zusammenbleiben. Was soll ich ganz allein mit dem Rest meines Lebens anfangen?" William erlebte den Zusammenbruch seiner Illusion, daß seine Frau für immer in seinem Leben präsent sein würde. Er fühlte sich im Stich gelassen, war verzweifelt, und sein Energiepegel war sehr niedrig. Im Laufe der nächsten Stunde half ich William zu erkennen, daß seine Scheidung nicht „nur schlecht" war, und er mußte zugeben, daß er ein paar gute Seiten übersehen hatte. Beispielsweise konnte er jetzt so oft zum Golfspielen gehen, wie er wollte, oder abends so lange ausbleiben, wie es ihm gefiel, ohne seine Frau anrufen und um Erlaubnis bitten zu müssen. Nachdem er diese beiden Vorteile erst einmal eingeräumt hatte, begann er, eine ganze Reihe weiterer Vorteile zu sehen, und es dauerte nicht allzu lange, bis er dreiundfünfzig positive Aspekte seiner Situation zusammen hatte.

Zerstörte Illusionen sind Geschenke

> Das eigene Drama klar zu sehen bedeutet, davon befreit zu sein.
> *Ken Keyes, Jr.*

- Illusionen verbauen den Weg zur Wahrheit.
- Bedingungslose Liebe ist die Quelle jeglicher Wahrheit.
- Wenn Ihr Herz offen ist, „fehlt" niemand. Jede zerstörte Illusion bringt eine positive Seite ans Licht.

Jedesmal, wenn eine unserer Illusionen zerstört wird, haben wir Gelegenheit, eine tiefere Wahrheit zu erfahren. Wenn wir über eine Person oder eine Situation nicht urteilen, drücken wir unsere Gewißheit aus, daß die Vorteile die Nachteile ausgleichen, selbst wenn wir das vollkommene Gleichgewicht noch nicht ganz sehen können. Wenn wir glauben, eine Person oder Situation sei mehr „schlecht" als „gut" oder mehr „gut" als „schlecht", hindern wir uns mit dieser einseitigen Sichtweise daran, die Wahrheit zu erkennen. Der emotionale Schmerz und der physische Zusammenbruch, den Sie möglicherweise durchmachen, wenn ein Mensch Sie auf der physischen Ebene verläßt, wird oft durch Ihre falsche Vorstellung verstärkt, daß der Mensch, der gegangen ist, etwas hat, das Ihnen fehlt. In Wahrheit haben Sie diese „spezielle Qualität" aber in Ihrem Innern! Es geht nur darum, sie zu entdecken.

Sheila war sehr verstört, als ihr Vater starb. Ihre Beziehung zu ihm war sehr eng gewesen, und sie hatte das Gefühl, als sei mit ihrem Vater auch ein Teil von ihr gestorben. Ich erklärte ihr, daß die wahre Essenz ihres Vaters jetzt noch genauso präsent sei wie zu der Zeit, als er noch in seinem physischen Körper gewesen war. Ich sagte: „Nur weil Sie Ihren Vater nicht mehr sehen und anfassen können, heißt das nicht, daß er nicht mehr existiert." Weil sie mich daraufhin ganz verwirrt anschaute, fügte ich hinzu: „Sheila, nichts und niemand kann wirklich zerstört werden. Wenn Sie einen Eiswürfel erhitzen, verwandelt er sich in Wasser. Wenn Sie dieses Wasser weiter erhitzen, verwandelt es sich in Dampf. Die Essenz des Eiswürfels bleibt erhalten, nur die Form verändert sich."

„Aber das nützt mir nichts, wenn ich mit ihm sprechen will. Ich vermisse ihn, Dr. Demartini. Ich kann die Vorstellung nicht ertragen, nie wieder mit ihm sprechen zu können", sagte sie und fing an zu weinen. „Sheila, was sagte Ihr Vater zu Ihnen, als Sie über den Tod eines Ihrer Freunde trauerten?" fragte ich sie. Sie lächelte und erwiderte: „Als meine beste Freundin Ellen vor einigen Jahren an Krebs starb, legte er seine Hände auf meine Schultern, schaute mir in die Augen und sagte: ‚Sheila, ich glaube, ich habe dich gelehrt, daß jeder gesegnet ist, wenn Gott einen neuen Engel willkommen heißt.'" Ich erklärte Sheila, daß nichts sie daran hindere, weiterhin mit ihrem Vater zu sprechen und sogar seine Antworten in ihrem Innern zu hören. „Ich glaube, ich kann das jetzt sehen", sagte sie, „aber was kann ich tun, damit ich ihn nicht mehr so sehr vermisse?" Ich wußte, daß Sheilas Herz sich der bedingungslosen Liebe öffnen würde und sie die Liebe ihres Vaters unmittelbar spüren könnte, wenn sie wirklich Dankbarkeit für die Lektionen und Segnungen empfand, die sein Tod ihr beschert hatte. Schritt für Schritt führte ich Sheila durch den *Collapse*-Prozeß, und Schritt für Schritt begann sie, die Geschenke ihres Schmerzes anzunehmen. Als sie den gesamte Prozeß durchlaufen hatte, nahm sie schließlich die Präsenz ihres Vaters wahr und dankte ihm dafür, daß er eine so wichtige Rolle in ihrem Leben gespielt hatte. Sie sagte ihm, daß sie seine ewige Liebe für sie in ihrem Herzen fühlte. Dann dankte sie mir für die Gelegenheit, Liebe auf einer so tiefen Ebene zu erfahren, und erklärte, daß sie sich getröstet fühlte durch das Wissen, daß der Tod nur eine Transformation und ihr Vater ihr noch immer nahe ist.

Jede Freude hat ihren Schmerz, jeder Schmerz hat seine Freude

> Eure Freude ist euer Leid ohne Maske.
> Und derselbe Brunnen, aus dem euer Lachen aufsteigt,
> war oft von euren Tränen erfüllt. *Kahlil Gibran*

- Lebensumstände kann man mit Steinen vergleichen. Man kann sie benutzen, um etwas daraus zu bauen, oder man kann sich von ihnen niederdrücken lassen.
- Jede Prüfung ist ein möglicher Weg zu bedingungsloser Liebe.
- Freude und Schmerz zwingen uns, zu wachsen und uns in einen größeren Raum auszudehnen, wo wir mehr Ein-

fluß und Verantwortung haben, wo aber auch größere Belohnungen auf uns warten.
- Alle mit emotionalem Schmerz verbundenen Erfahrungen sind Gelegenheiten, lieben zu lernen.

Selbst das tiefste, dunkelste Leid enthält den gleichen Anteil an Freude – und je eher wir ihn entdecken, desto eher kommen wir in den Genuß dieses Segens. Jede Lektion, die uns vorgesetzt wird, bietet uns eine Gelegenheit, eine neue Ebene bedingungsloser Liebe zu erfahren. Wenn wir die Lektion annehmen, können sich die Segnungen auf wunderbare Weise entfalten. Weisen wir sie jedoch zurück, bleiben wir oft im Teufelskreis der Undankbarkeit stecken und blockieren die Ströme der Liebe und Wahrheit, die durch unser Leben fließen wollen.

Ich erinnere mich noch daran, wie eine Frau namens Monica durch das Licht der Liebe zu strahlen begann, als es ihr gelang, ihre Wut und ihren Schmerz über den Tod ihres Sohnes loszulassen und ihn mit bedingungsloser Liebe anzunehmen. Monicas zehn Jahre alter Sohn Lenny war getötet worden, als Männer aus einem vorbeifahrenden Auto geschossen hatten. Das war gerade erst ein paar Monate her, als Monica an meinem Programm für persönliches Wachstum und Erfolg teilnahm, das ich *The Breakthrough Experience (Die Durchbruchserfahrung)* nenne. Bei der ersten Sitzung stellte sie sich mit folgenden Worten vor: „Mein Name ist Monica. Ich bin hier, weil ich mein gebrochenes Herz heilen will."

Sie sagte, sie habe mit jedem Aspekt von Lennys Tod zu kämpfen, aber am schlimmsten sei das Gefühl, daß er so sinnlos war. „Warum mußte mein Sohn für nichts sterben?" fragte sie. Ich erklärte Monica, daß die Vollkommenheit und Ausgewogenheit einer Situation immer darauf wartet, von uns entdeckt und angenommen zu werden, auch wenn wir sie nicht gleich sehen können.

Am selben Nachmittag begannen wir mit dem *Collapse*-Prozeß, und Monica war überrascht, als sie erkannte, wieviel

Gutes Lennys Tod inzwischen bereits bewirkt hatte. Nachbarn hatten eine Art Bürgerwehr organisiert, deren Mitglieder freiwillig Streife gingen, um die Vorkommnisse im Bezirk zu beobachten. Auch die Polizeipräsenz war in ihrem Gemeindebezirk deutlich verstärkt worden. Nachbarn hatten gesammelt, um im nahen Park zur Erinnerung an Lenny einen Basketballplatz zu errichten. Leute, die sie nicht einmal kannte, hatten für Monica gebetet, ihr Karten, Briefe, Lebensmittel geschickt und sie unterstützt. Die Karte einer Mutter von fünf Kindern hatte ihr Herz ganz besonders berührt. Während der Sitzung zog sie diese Postkarte aus ihrer Handtasche und las sie laut vor:

Liebe Monica,
ich sah den Bericht über den Tod Ihres Sohnes in den Abendnachrichten, und während ich mit Tränen in den Augen dasaß und darüber nachdachte, wieviel Schmerz Ihnen das bereiten muß, wurde mir bewußt, daß ich meine Kinder seit längerer Zeit nicht mehr in den Arm genommen oder ihnen gesagt hatte, daß ich sie liebe. Ich bin sehr dankbar für die Botschaft der Liebe, die der Tod Ihres Sohnes mir und vielen anderen Eltern gesandt hat. Danke.

Am Ende des *Collapse*-Prozesses konnte Monica die Segnungen des Lebens und Sterbens Ihres Sohnes klar erkennen und würdigen. Sie sagte: „Wie schmerzhaft es auch war, an diesen Punkt des Verstehens zu gelangen – die zehn Jahre, in denen ich meine Liebe mit Lenny teilen konnte, wiegen den ganzen Schmerz auf, den ich erleiden mußte. Er ist jetzt mein Engelsohn, und ich fühle seine Liebe bei jedem Herzschlag."

Die Wahrheit ist ...

Es gibt keinen Tag ohne Nacht, keine Freude ohne Leid, keinen Frühling ohne den Winter.
Zula Bennington Greene

- Ihr wahres Wesen oder Ihre Seele liebt das, was ist, wenn es ist, und ist dankbar dafür.
- Eines Ihrer größten Geschenke ist Ihr Wunsch, zu lieben und geliebt zu werden.
- Sie sind hier, um zu lieben und geliebt zu werden, nicht, um „untadelig" zu sein.
- Ihr Schmerz zeigt Ihnen, was Sie noch nicht lieben gelernt haben.

Gedanken ...

Was schwer zu ertragen war, wird oft mit Freude erinnert.
Orientalisches Sprichwort

1. Erinnern Sie sich an eine zerstörte Illusion.
2. Nehmen Sie sich eine Weile Zeit, um die Segnungen zu erkennen, die die Zerstörung dieser Illusion mit sich brachte.
3. Denken Sie an eine Situation, die sehr schmerzlich für Sie war.
4. Denken Sie an mindestens drei Freuden, die Ihr Schmerz mit sich brachte.

... verwirklichen

Der Geist ist ein eigener Ort und kann in sich selbst aus der Hölle einen Himmel und aus einem Himmel die Hölle machen.
John Milton

1. Notieren Sie auf einem Blatt Papier den Namen oder die Anfangsbuchstaben des Namens der Person, deretwegen Sie ein „gebrochenes Herz" haben.
2. Notieren Sie jetzt in bezug auf die Person und Ihr Gefühl, sie „verloren" zu haben, zwanzig gute Dinge und zwanzig Nachteile.
3. Schreiben Sie der Person einen Brief, in dem Sie ihr für die positiven Aspekte Ihrer Erfahrung danken.
4. Bringen Sie mit einem Eintrag in Ihr Tagebuch oder in einem Dankesbrief an jemanden, den Sie lieben, Ihre Dankbarkeit für die Vollkommenheit und das Wunder Ihres Lebens und des Universums zum Ausdruck.

Affirmationen

• Meine innere Stimme hilft mir, mit meinem gebrochenen Herzen ins reine zu kommen, sie erhält mein Herz mit Liebe, Weisheit und Kraft.
• Ich zerschlage meine Illusionen und erfahre dadurch den Segen der heilenden Wahrheit.
• Ich bin dankbar für die Lektionen und Segnungen, die ich durch meinen Herzschmerz erhalte.
• Ich heile meine zerstörten Illusionen mit Dankbarkeit und Liebe.

3 | *Tun Sie, was Sie lieben, und lieben Sie, was Sie tun*

> Es wird Ihnen niemals ein Wunsch gegeben, ohne daß Sie auch die Kraft erhalten, ihn zu verwirklichen. Es kann allerdings sein, daß Sie daran arbeiten müssen.
>
> *Richard Bach*

Es ist erstaunlich, wie viele Menschen ihren Tag nicht mit Begeisterung, sondern mit einem Gefühl der Resignation, der Niedergeschlagenheit, ja sogar der Verzweiflung beginnen. Ihr Wecker klingelt, und anstatt voller Dankbarkeit für das Geschenk eines neuen Tages aus dem Bett zu springen, sinkt ihre Stimmung auf den Nullpunkt, wenn ihnen bewußt wird, daß ihr Tag mit Aufgaben angefüllt ist, die das Etikett *„muß erledigt werden"* tragen, und keine davon auch nur annähernd dem entspricht, was sie gern tun.

Statistiken belegen, daß viele Menschen sich morgens beim Aufstehen angesichts ihrer täglichen Belastungen und Pflichten so entmutigt fühlen, daß Montagmorgens um sieben mehr Leute einen Herzinfarkt erleiden als zu jeder anderen Zeit in der Woche. Man könnte das auch den „Montagmorgen-Herzinfarkt-Blues" nennen. Und wenn so viele Leute schon beim Gedanken an ihr Tagewerk einen Herzanfall bekommen, können Sie sich vorstellen, wie viele Menschen sich auf andere Weise krank machen.

Der Witz dabei ist, daß es mindestens genauso einfach ist, den Tag mit Dingen anzufüllen, die man gern tut, wie mit solchen, die man tun muß oder sogar haßt. Wir vergessen manchmal, daß es in unserer Macht steht, das Leben zu leben, das wir lieben. Wenn wir auf die Weisheit unserer Intuition, unserer inneren Stimme hören, entdecken wir, daß wir die größte Erfüllung finden, wenn wir tun, was wir lieben, und lieben, was wir tun.

Und dazu sind wir bestimmt! Wenn wir unserer inneren Stimme vertrauensvoll folgen, erinnern wir uns daran, daß jeder Tag ein Geschenk ist, und wir wissen dieses Geschenk zu würdigen, indem wir auf das hinarbeiten, was wir lieben.

Vor ein paar Jahren offenbarte ein junger Mann den Teilnehmern einer Netzwerk-Konferenz einen seiner Träume. Er wollte ein Video produzieren, auf dem Frauen Schminktechniken gezeigt würden, die ihnen helfen könnten, das Beste aus sich zu machen und sich entsprechend zu fühlen. Michael war ein talentierter Visagist, und in seiner Stimme schwang so viel Begeisterung mit, daß ich ihm spontan sagte, ich sei sicher, daß er seinen Traum verwirklichen könne.

Er wollte wissen, wieso ich so sicher war, also lud er mich zum Essen ein. Beim Essen erklärte ich ihm, daß die Begeisterung eines Menschen, der das tut, was er am liebsten tut, einen inneren Antrieb zum Erfolg auslöst. „Die meisten Menschen sind in der Illusion gefangen, daß sie erst bestimmte Dinge abschließen oder ein bestimmtes Alter oder Einkommen erreichen müssen, bevor sie anfangen können zu tun, was sie am liebsten tun." Michael räumte ein, daß er diesen Teufelskreis in seinem eigenen und im Leben seiner Freunde beobachten konnte. Manche Leute sagen beispielsweise: „Wenn ich mehr Kontakte geknüpft habe, kann ich mein eigenes Geschäft aufziehen." Oder: „Wenn meine Kinder mit dem Studium fertig sind, kann ich anfangen, einige der Dinge zu tun, von denen ich schon immer geträumt habe", oder „Wenn ich erst pensioniert bin, habe ich genug Zeit zu tun, was ich wirklich gern tun würde." Ich erklärte Michael, daß wir entweder nach Ausreden suchen oder unsere Träume verwirklichen. Wir haben die Wahl, und das ganze Geheimnis besteht darin festzustellen, was wir liebend gern tun, und dann damit anzufangen. „Ich werde auf jeden Fall daran arbeiten, dieses Video zustande zu bringen", sagte er, „aber ich muß auch meinen Lebensunterhalt verdienen. Ich kann ja nicht einfach meine Arbeitsstelle aufgeben, um zu tun, was ich am liebsten mache, nicht wahr?" Ich sagte zu

Michael, daß er auch lernen müsse, seine jetzige Tätigkeit zu lieben, um mehr und mehr tun zu können, was er am liebsten tat. „Es geht nicht nur darum, das zu tun, was du liebst, sondern auch darum, zu lieben, was du tust", erklärte ich.

„Aber der ganze Alltagskram langweilt mich total", erwiderte er. „Wie kann ich lernen, meine Arbeit zu lieben?" Ich schlug ihm vor, dreißig Dinge zu notieren, die er an seinem Job mochte, und dreißig, die er nicht mochte. Dann sollte er darauf achten, wie das Erledigen jeder aufgelisteten Tätigkeit ihn darauf vorbereitete, mehr von dem zu tun, was ihn begeisterte.

Etwa einen Monat später nahm Michael am *Breakthrough*-Prozeß teil. Dabei entwickelte er eine klare Zukunftsvision für sein Leben und teilte uns mit, wie er sich seine Lebensaufgabe vorstellte. Er träumte davon, eine Kosmetikfirma zu besitzen und zu führen, Videos mit Schminklehrgängen zu produzieren, in zehn Jahren zehn Bücher zu schreiben, heilerisch tätig zu werden und Musikstücke zu komponieren und zu produzieren. Inzwischen hat Michael sein Video fertiggestellt, er hat sechs seiner zehn Bücher geschrieben, und die von ihm komponierte Musik ist in den Händen eines vielversprechenden Agenten in Nashville. Außerdem hilft er anderen, ihr Herz zu öffnen, damit sie heilen können.

Tun, was man gern tut, ist der Schlüssel zur Erfüllung

Wenn sich ein Mensch vertrauensvoll auf seine Träume zubewegt und danach strebt, das Leben zu leben, das er sich vorgestellt hat, wird er mehr Erfolg haben, als er je erwartet hat. *Henry David Thoreau*

- Sie sind dazu bestimmt, das zu tun, was Sie gern tun.
- Ihr hauptsächlicher Lebenszweck besteht darin, Ihren Inspirationen zu folgen und Ihre Träume zu verwirklichen.

- Wenn Sie Ihre täglichen Aktivitäten mit Ihrem Lebenszweck verbinden, leben Sie das Leben, das Sie leben wollen.
- Wenn Sie tun, was Sie lieben, und lieben, was Sie tun, ist Ihr Herz offen und dankbar und Ihre innere Stimme spricht zu Ihnen und führt Sie.

Je mehr Sie tun, was Sie wirklich gern tun, und je mehr Sie das, was Sie tun, lieben, desto erfüllender wird Ihr ganzes Leben. Vor etwa fünf Jahren machte eine Australierin namens Barbara Ferien in Quebec und hörte in einem Bistro zwei Männer über den *Breakthrough*-Prozeß sprechen. Wenige Tage später rief Barbara bei mir an und stellte mir ein paar Fragen über das Programm. Sie erklärte mir, daß sie eigentlich sehr schüchtern sei und normalerweise nicht mit Fremden Kontakt aufnehmen würde, aber irgend etwas habe sie dazu gedrängt, mehr über das Programm herauszufinden. Die Vorstellung zu lernen, wie sie tun könnte, was sie am liebsten tat, erschien ihr so verlockend, daß sie ihren Urlaub um eine Woche verlängerte, um am nächsten *Breakthrough*-Prozeß teilzunehmen.

Barbara war eine bekannte Rechtsanwältin, die gerade das Angebot erhalten hatte, Teilhaberin der Anwaltskanzlei zu werden, für die sie arbeitete. Sie erzählte mir, daß sie jahrelang genau darauf hingearbeitet hatte, aber jetzt, da die Gelegenheit an die Tür klopfte, gar nicht mehr sicher war, ob sie die Tür öffnen wollte, um sie einzulassen. Sie sagte, sie habe viel über ihre früheren Träume nachgedacht – Träume, die sie als unrealistisch verworfen hatte, als sie in die Fußstapfen ihres Vaters trat und Jura studierte.

„Ich habe so viel Zeit und Energie in all das investiert. Warum habe ich nicht das Gefühl, daß ich darin Erfüllung finde? Wie kann ich überhaupt einen Gedanken daran verschwenden, alles, was ich bereits erreicht habe, über Bord zu werfen, um etwas auszuprobieren, von dem ich nicht einmal weiß, ob ich es wirklich kann?" fragte sie.

Nachdem ich sie dazu ermutigt hatte, vertraute Barbara mir an, daß es einst ihr Traum gewesen war, Künstlerin zu werden. Sie erzählte, daß sie gern Portraits malte und schon als Kind viel gemalt hatte. In den letzten zehn Jahren hatte sie sich allerdings kaum damit beschäftigt. „Immer wenn ich meine Bilder hervorhole, fühle ich mich zuerst großartig, aber dann werde ich richtig deprimiert, weil ich weiß, daß das niemals mehr als ein Hobby sein wird", erklärte sie. Ich stellte Barbara ein paar Fragen, um ihr zu helfen, sich auf ihre Inspirationen und die Vision eines Lebens nach ihrem Geschmack zu konzentrieren. Als sie ihre Vorstellungen und Überzeugungen genauer analysierte, wurde ihr klar, daß sie anfangen konnte, auf die Erfüllung ihres Traumes hinzuarbeiten, ohne die Sicherheit ihrer gegenwärtigen Position aufzugeben, bis sie bereit war, diesen Schritt zu tun. Sie blieb in der Firma, lehnte jedoch die Teilhaberschaft ab. Innerhalb der nächsten zwei Jahre verdiente sie soviel Geld mit ihrer Portraitmalerei, daß sie ihre Vollzeitstelle aufgeben und nebenbei als Rechtsberaterin arbeiten konnte. Heute werden ihre Gemälde in einigen der renommiertesten Galerien Sydneys verkauft, und ihre juristischen Kenntnisse kommen ihr bei ihren Transaktionen im Kunstgeschäft sehr zugute.

Der Schmerz des Bedauerns ist größer als der Schmerz der Selbstdisziplin

Sie können es, weil sie glauben, daß sie es können.
Virgil

- Jeder Traum hat seinen Preis und seine Belohnungen. Wenn Ihr Ziel Sie inspiriert, sind Sie bereit, den Preis zu zahlen und Freude und Schmerz der Selbstdisziplin auf sich zu nehmen.
- Wenn Sie Ihr Leben nicht mit dem ausfüllen, was Sie lieben, wird es von dem ausgefüllt, was Sie nicht lieben.

- Wenn Sie Ihr Leben Ihrem Ziel widmen, beginnt sich Ihre innere Schönheit zu entfalten.
- Aktive Schritte, von Liebe motiviert, heilen jahrelange Ängste und Zweifel.

Vor vielen Jahren sah ich ein Interview mit einem Mann, der seinen einhundertdritten Geburtstag feierte. Die Reporterin fragte ihn lächelnd, was er sich beim Ausblasen der Geburtstagskerzen wünschen werde. Der Mann schaute sie mit Tränen in den Augen an und sagte: „Ich werde mir wünschen, daß ich noch einmal mit mehr Mut auf diese Erde zurückkehren kann, um jene Dinge zu tun, von denen ich geträumt habe, deren Verwirklichung ich mir aber nicht zutraute."

Ich erinnere mich noch heute an den Ausdruck in den Augen dieses Mannes. Er hat mich auf gewisse Weise dazu motiviert, auf meinem Weg zu bleiben und weiterhin zu tun, was ich liebte, und zu lieben, was ich tat. Der Schmerz des Bedauerns ist wahrhaftig größer als der Schmerz der Selbstdisziplin.

Die Wahrheit ist ...

Und ich glaube heute fest daran, nicht nur aufgrund meiner eigenen Erfahrung, sondern auch, weil ich von den Erfahrungen anderer weiß, daß immer dann, wenn wir unserer Begeisterung und Freude folgen, sich Türen öffnen, wo wir nicht einmal Türen vermuteten und wo für niemand anderen eine Tür wäre.

Joseph Campbell

- Wenn Sie lieben, was Sie tun, hilft Ihnen das, mehr von dem tun zu können, was Sie lieben.
- Wenn Sie tun, was Sie lieben, werden Sie in allen Bereichen Ihres Lebens davon profitieren.
- Ihr Körper weiß, wann Sie tun, was Sie von Herzen gern

tun, und unterstützt Ihre Bemühungen mit heilender Energie und Vitalität.
- Ihr Leben ist dann am erfüllendsten, wenn Sie Ihren hauptsächlichen Lebenszweck erfüllen – den, der Ihnen Freude macht.
- Wenn Sie tun, was Sie lieben, und lieben, was Sie tun, sind Sie offen und dankbar, und Ihr Herz spricht zu Ihnen und führt Sie.

Gedanken ...

Was immer du tun oder träumen kannst, du kannst damit beginnen. *Johann Wolfgang von Goethe*

1. Wann waren Sie das letzte Mal von einer Tätigkeit so begeistert, daß die Zeit verging, ohne daß Sie es bemerkten?
2. Gehen Sie in der Erinnerung zurück in Ihre Kindheit. Was wollten Sie einmal werden – im Kindergartenalter, in der dritten Klasse und in der sechsten Klasse? Fragen Sie sich, ob Sie irgendeinen dieser Träume noch im Herzen tragen.
3. Fragen Sie sich, ob Sie lieben, was Sie tun. Seien Sie ehrlich.
4. Nehmen Sie sich ein paar Minuten Zeit, um sich vorzustellen, wie Ihr Leben wäre, wenn Sie tun könnten, was Sie lieben.

... verwirklichen

Lebe deinen Traum *Athena Starwoman*

1. Was würden Sie gern sein, tun und haben, wenn Sie wüßten, daß alles in Erfüllung ginge? Schreiben Sie es in allen Einzelheiten auf.

2. Notieren Sie zehn Dinge, die Sie an Ihrer gegenwärtigen Position mögen, und zehn Dinge, die Sie daran nicht mögen. Notieren Sie, auf welche Weise jedes dieser Dinge Sie in mindestens einem Aspekt darauf vorbereitet, zu tun, was Sie lieben.
3. Notieren Sie die ersten drei aktiven Schritte, die Sie unternehmen würden, um zu tun, was Sie lieben. Gehen Sie sich selbst gegenüber die Verpflichtung ein, den ersten Schritt im Laufe der kommenden Woche zu tun.
4. Schreiben Sie von heute an auf, wenn Sie etwas sehen, hören oder erleben, das eine Träne der Dankbarkeit in Ihre Augen bringt. Im Laufe der Zeit werden Sie in diesen Aufzeichnungen ein Muster erkennen, das Ihnen hilft, Ihr Lebensziel zu klären, und Sie motiviert zu tun, was Sie lieben.

Affirmationen

- Ich tue, was ich liebe, und ich liebe, was ich tue.
- Je mehr ich liebe, was ich tue, desto mehr kann ich tun, was ich liebe.
- Ich unternehme in Liebe aktive Schritte, um meine Angst zu überwinden.
- Wenn ich tue, was ich liebe, bin ich bereit, die damit verbundenen Freuden und Leiden zu akzeptieren.
- Wenn ich mich ganz meinem Ziel widme, werde ich von meinem Körper, meinem Geist, meinem Herzen und meiner Seele getragen und unterstützt.
- Ich verfüge über unbegrenzte Energie, wenn ich von Liebe inspiriert bin.
- Ich heile meinen Körper, indem ich tue, wozu mich meine Seele liebevoll inspiriert.

4 | *Ihr Glaube bestimmt über Ihren Erfolg*

> Alles, was wir sind, ist ein Resultat unserer Gedanken.
> *Buddha*

Jeder von uns weiß, daß gesunde Nahrung den Körper nährt und heilt. Doch den meisten Menschen ist nicht klar, daß gesunde Gedanken Nahrung für unser Herz und unsere Seele sind. Gesunde, aufbauende und selbstbejahende Gedanken helfen Ihnen in der Tat, Ihren Körper zu heilen und Ihre Lebensziele zu erreichen! Gedanken des Zweifels und der Angst hingegen blockieren Ihren Glauben an sich selbst und verhindern, daß Sie das Gewünschte erreichen.

Verschiedene Studien haben gezeigt, daß über fünfzig Prozent der Gedanken der meisten Menschen selbstabwertenden Charakter haben. Da ist es kein Wunder, daß viele Leute es äußerst schwierig finden, in ihrem Leben positive, gesunde Veränderungen zu bewirken – und noch schwieriger, ihre Träume zu verwirklichen.

Gedanken sind die Nahrung des Geistes. Indem wir uns auf unsere Inspirationen konzentrieren und unser Denken in Richtung unserer Ziele lenken, ebnen wir den Weg für großartige Erfolge. Indem wir unsere Gedanken ändern, ändern wir unser Leben, denn unser Bewußtsein zieht stets das an, an das wir denken und woran wir glauben. Wenn wir uns auf Wohlstand konzentrieren, ziehen wir Wohlstand an, und wenn wir uns auf Armut konzentrieren, ziehen wir Armut an. Mit anderen Worten, was uns geschieht, hängt davon ab, was wir glauben.

Ich begann dieses heilende Prinzip zu verstehen, als ich siebzehn Jahre alt war. Ich lebte damals auf Hawaii und begegnete dort einem dreiundneunzig Jahre alten Herrn namens Dr. Paul Bragg, der mein Leben entscheidend beeinflußte. Eines Abends leitete er eine Meditation, die ich nie vergessen werde, weil ich im Laufe dieser Sitzung zum ersten Mal eine Vision davon hatte, was ich in diesem Leben tun würde.

Dr. Bragg sagte: „Bevor wir mit der Meditation beginnen, möchte ich, daß ihr euch entscheidet, welcher Aufgabe ihr euer Leben widmen wollt, denn die Vision, mit der ihr aus dieser Meditation herauskommt, zeigt euch, was ihr in diesem Leben tun werdet."

Für einen Siebzehnjährigen ist das natürlich eine ziemlich gewichtige Frage. Ich erinnere mich daran, daß ich damals dachte: „Muß ich das wirklich jetzt entscheiden?" Aber als ich mir die Frage ein paarmal stellte und die verschiedenen Möglichkeiten in Betracht zog, begann sich die Antwort herauszukristallisieren. Ich hatte damals die Schule abgebrochen und lebte an der Nordküste von Oahu, wo ich mich hauptsächlich dem Surfen widmete. Zu jener Zeit hatte ich auch ein gesundheitliches Problem. Ich betrachtete mir also meine gegenwärtige Situation und dachte dann über meine Vergangenheit nach. Bisher hatte ich nicht sehr viel Bildung erworben. Bereits meine Grundschullehrerin hatte meinen Eltern und mir prophezeit, daß ich sicher nicht gut lesen, schreiben oder kommunizieren lernen und es wahrscheinlich nie zu etwas bringen würde. Als ich mich an diesem Abend an ihre Worte erinnerte, überkam mich plötzlich das intensive Verlangen, das Gegenteil zu beweisen. Ich setzte also alle Puzzleteile zusammen und entschied mich, mein Leben der Erforschung und Entdeckung jener universalen Gesetze zu widmen, die Körper, Geist und Seele erhalten und zu ihrer Heilung beitragen.

Als wir dann mit der Meditation begannen, sah ich vor meinem geistigen Auge, wie ich zu großen Menschengruppen sprach. Ich hatte keinerlei Erfahrung damit, in der Öffentlichkeit zu sprechen, aber diese Vision war so kristallklar, und ich war so präsent im gegenwärtigen Augenblick, daß mir Tränen der Ergriffenheit in die Augen schossen. Als wir die Meditation beendeten, war ich von dieser Vision überwältigt. Ich dachte: „Hier sitze ich mit meiner abgebrochenen Schulausbildung und werde um die ganze Welt reisen, um andere etwas über die universalen Prinzipien der Heilung zu lehren – sicher, das klingt wirklich wie eine gute Idee..." Daß ich zu jenem Zeitpunkt mit mehreren anderen Surfern in einem Zelt lebte, machte meine Vision nicht gerade wahrscheinlicher.

Während dieses Sommers hielt Dr. Bragg regelmäßig Vorträge im Landesinnern. Ich dachte mir, daß er ein guter Mentor für mich sein könnte, und so fuhr ich jeden Tag per Anhalter zu ihm, um mit ihm zu joggen und danach zu frühstücken. Eines Tages erzählte ich ihm, daß die Vision, die ich während jener Meditation gehabt hatte, mich überwältigt und erschreckt habe. „Ich sehe nicht, wie ich diese Vision jemals verwirklichen könnte. Sie hat so gar nichts mit meinem gegenwärtigen Leben zu tun." Er schaute mich mit einem breiten Lächeln an und erwiderte: „Das ist kein Problem, mein Sohn, gibt es sonst noch etwas?"

Ich schwieg einen Augenblick vor Verblüffung und erwiderte dann: „Nun... nein, das reicht." Und Dr. Bragg fuhr fort: „In Ordnung. Tu also folgendes. Sage dir für den Rest deines Lebens täglich folgenden Satz und laß bitte nicht einen einzigen Tag aus: ‚Ich bin ein Genie und ich wende meine Weisheit an.' Alles andere wird sich von selbst regeln."

Ich trampte also zur Nordküste zurück und sagte die ganze Zeit zu mir: „Ich bin ein Genie und ich wende meine Weisheit an." Als ich unser Zelt betrat, sagte ich: „Hey, Jungs, ich bin ein Genie und ich wende meine Weisheit an!" Sie schauten über die Schulter zu mir herüber, lachten und sagten: „Natürlich bist du ein Genie, John, ganz wie du meinst." Das war im Grunde die erste Gruppenunterstützung – ha, ha, ha –, die mich in meiner Vision ermutigte. Ich fuhr fort, diesen Satz zu mir zu sagen, ich wiederholte ihn den ganzen Tag – während ich am Strand spazierenging, beim Surfen und wenn ich nachts wachlag. Als ich dann eines Nachts am

Strand entlangging und den Sternenhimmel bewunderte, erkannte ich, daß mein Denken sich tiefgreifend verändert hatte, und ich beschloß, nach Hause zurückzukehren und mit meinen Eltern über meine Vision zu sprechen. Sie ermutigten mich, eine Externen-Prüfung abzulegen, die dem Abitur entspricht, und damit die allgemeine Hochschulreife zu erwerben. Ich bestand die Prüfung! Bald darauf bewarb ich mich am Wharton College und wurde angenommen. Etwa eineinhalb Jahre später saß ich in der Bibliothek und war gerade mit Mathematik beschäftigt, als mich jemand um Hilfe bei der Lösung einiger Aufgaben bat. Ich erklärte ihm, wie er an die erste Aufgabe herangehen müsse, und nach ein paar Minuten hatten sich etwa ein Dutzend Leute um den Tisch versammelt, hörten zu und stellten Fragen. Ich konzentrierte mich völlig auf das, was ich tat, als plötzlich ein Student, der etwa drei Reihen hinter mir saß, ausrief: „Dieser Typ ist ein Genie!" Wie ein Blitz tauchte die Erinnerung an die Worte auf, die Dr. Paul Bragg vor fast zwei Jahren zu mir gesagt hatte. In diesem Moment erkannte ich, wie mächtig diese ununterbrochene Affirmation gewesen war.

Später fand ich heraus, daß ein Genie ein Mensch ist, der auf die Stimme seiner Seele hört und ihrem Licht folgt. Und Weisheit ist das Licht der Seele. Ich erkannte, daß meine Affirmation nichts anderes ausgedrückt hatte, als daß ich mich verpflichten würde, in meinem Leben auf mein eigenes Herz und meine eigene Seele zu hören. Dr. Bragg hatte mich aufgefordert, diese Quelle der Weisheit in meinem Innern anzuzapfen, sie zu erfahren, vertrauensvoll aktive Schritte zu unternehmen, in Liebe zu dienen und der Führung dieses inneren Flüsterns zu folgen. Noch heute staune ich immer wieder über das Wunder dieses Geschenkes, das ich von Dr. Bragg erhielt.

Sie bewegen sich in die Richtung Ihrer Gedanken

Geistige Einflüsterungen entwickeln die dynamische Kraft, Materie in das umzuwandeln, was du dir wünschst ...
Was es auch sein mag, an das du intensiv glaubst, dein Geist wird es materialisieren.

Paramaransa Yogananda

- Wenn Sie in irgendeiner Angelegenheit erfolgreich sein wollen, müssen Sie sich ganz auf das beabsichtigte Ziel konzentrieren.
- Gewohnheiten sind Gedanken, die im Laufe der Zeit durch ihre Wiederholung vorhersagbare Muster in unseren physischen, emotionalen, mentalen oder spirituellen Strukturen bilden.
- Ihr Bewußtsein zieht an, was Sie denken und glauben, und verstärkt es.
- Je länger ein Gedanke fortbesteht, desto stärker wird sein Einfluß, von Minute zu Minute, von Tag zu Tag, von Jahr zu Jahr.

Unser Geist wird Schritt für Schritt gereinigt, indem wir lernen, an unseren vorherrschenden Gedanken zu arbeiten, indem wir übertriebene oder selbstabwertende innere Aussagen auflösen und die klaren und liebevollen Botschaften unseres Herzens und unserer Seele verstärken. Indem wir unseren Geist mit inspirierenden Schriften, schöner Musik und machtvollen Affirmationen nähren, ziehen wir Inspiration und Schönheit an und beginnen unser Leben zu meistern.

Indem wir unser Denken auf Ängste und Zweifel konzentrieren, sabotieren wir unsere Möglichkeiten zum Erfolg. Konzentrieren wir uns aber auf die Pläne zur Durchführung unserer Vorhaben, programmieren wir uns auf Erfolg.

Im Laufe der Jahre hatte ich Gelegenheit, viele außerordentlich erfolgreiche Menschen zu treffen, die wie selbstverständlich alles erreichen, was sie sich wünschen. Ich fragte viele von ihnen nach dem wichtigsten Rezept für ihren Erfolg. Die meisten antworteten, daß ihnen der Gedanke, *nicht* erfolgreich zu sein, überhaupt nicht in den Sinn käme. Sie glauben einfach daran, daß sie in der Lage sind, zu erreichen, was sie sich vorgenommen haben.

Ich habe gelernt, daß wir alle die Fähigkeit besitzen, an uns und unsere Ideen zu glauben, und sie nur manchmal noch nicht in unserem Innern wachgerufen haben. Ein großartiges Beispiel für diese Behauptung ist die Geschichte eines Mannes namens Martin, der einen Computerladen aufmachen wollte. Er hatte einen intelligenten Plan und genug Geld auf der hohen Kante sowie einige potentielle Investoren im Hintergrund, aber er war sich nicht sicher, ob er es wirklich schaffen könnte. Er kam zu einer halbtägigen Beratungssitzung zu mir, und ich erläuterte ihm das Konzept, nach dem wir erreichen, an was wir glauben.

Anfangs reagierte er ein wenig sarkastisch und sagte, daß er nicht sicher sei, ob er seine Ängste wirklich überwinden könne. Ich schlug ihm vor, ein Blatt Papier mit Affirmationen vollzuschreiben, die seinen Traum unterstützten, und diese Affirmationen mindestens zweimal täglich auszusprechen. Außerdem empfahl ich ihm, die Biographien anderer erfolgreicher Menschen zu lesen, um sich von diesen Beispielen inspirieren zu lassen. Martin erklärte mir, daß er Angst davor habe, die Sache anzugehen, und daß er mich schriftlich auf dem laufenden halten würde. Genau achtzehn Monate später eröffnete Martin sein Geschäft. In der Einladung zu seiner „großen Geschäftseröffnung" schrieb er mir: „Je mehr ich über die anderen erfolgreichen Menschen las, desto mehr konnte ich mich ähnliche Ziele erreichen sehen, und das Erstaunlichste ist, daß ich heute so klar sehen kann, wie mein Leben sich änderte, als meine Überzeugungen und Glaubenssätze sich änderten." Heute besitzt Martin eine Ladenkette, seine Firma blüht, und er ist auf dem Weg zum Multimillionär.

Erfolg beginnt mit einem einzigen großartigen Gedanken

Wir sind, was wir denken. Alles, was wir sind, resultiert aus unseren Gedanken. Mit unseren Gedanken erschaffen wir die Welt. *Dhammapada*

- Alles, was existiert, begann als Gedanke.
- Sie haben viele großartige Gedanken, Sie müssen nur das Rauschen in Ihrem Gehirn reduzieren, damit Sie sie hören können.
- Niemand weiß, wie weit ein großartiger Gedanke, eine großartige Idee von heute reisen oder wen sie morgen erreichen wird.
- Inspirierte Gedanken kreieren inspirierte Träume.

Fast alle Erfolgsstories beginnen mit einem einzigen großartigen Gedanken, der von innerer Überzeugung genährt wurde. Und viele der Menschen, die im Leben außerordentlich erfolgreich wurden, wurden auf ihrem Weg mit außerordentlichen Hindernissen konfrontiert. Als Wald Disney sich zum erstenmal bei verschiedenen Zeitungen als Cartoonist bewarb, wurde er überall abgewiesen. Ein Herausgeber sagte ihm sogar, er hätte kein Talent und solle sich eine andere Beschäftigung suchen. Aber Disney hatte einen Gedanken gehabt, der zu einer Vision geworden war, und er blieb hartnäckig und glaubte weiterhin an sich.

Vor etwa sechs Jahren nahm eine Frau namens Lauren am *Breakthrough*-Prozeß teil. Sie erzählte, daß sie sich auf eine erfolgreiche und lukrative Karriere als Sängerin konzentriert hatte, aber als dann die guten Gelegenheiten auf sie zukamen, bekam sie Angst und begann sich Sorgen zu machen, ob sie überhaupt genügend Talent habe. Sobald sie aufhörte, an sich selbst zu glauben, klingelte auch das Telefon nicht mehr, und die Angebote blieben aus. Die gleichen Leute, die noch vor einem Monat ganz versessen darauf gewesen waren, mit ihr zu sprechen, riefen nicht mehr zurück.

Sie wußte, daß ihr mangelnder Glaube an sich selbst eine wichtige Rolle bei dieser Entwicklung spielte, und sie wünschte sich, wieder an sich glauben zu können, wußte aber nicht, wie sie es anstellen sollte. Während des zwei Tage dauernden Programms entdeckte Lauren, daß ihre einseitige Sichtweise in bezug auf Erfolg sie daran hinderte, an ihr Talent zu glauben.

Sie sagte, sie sei besessen von der Vorstellung, ein Star zu werden, und habe gleichzeitig das Gefühl, so viel Erfolg nicht zu verdienen. Mit Hilfe des *Collapse*-Prozesses konnte Lauren ihre verzerrte Wahrnehmung korrigieren und sehen, daß der Erfolg in gleichem Maße Freude und Schmerz mit sich bringen würde. Als sie dann alle Vor- und Nachteile in ausgewogenem Gleichgewicht sah, öffnete sich ihr Herz für ihren Traum, und sie spürte ihre Begeisterung wieder.

Lauren gab sich selbst das Versprechen, weiter auf ihre Ziele hinzuarbeiten und ihre Vision mit täglichen Affirmationen und Visualisierungen des gewünschten Erfolgs zu unterstützen. Heute ist sie in der Lage, den Lebensunterhalt für sich und ihre drei Kinder als Sängerin zu bestreiten. Kürzlich erhielt ich eine Postkarte von ihr aus Los Angeles, wo sie ihre erste CD aufnahm. Sie schrieb: „Je mehr ich an mich glaube, desto mehr erreiche ich."

Die Wahrheit ist ...

> Gleiches zieht Gleiches an. Alles, was der bewußte Verstand denkt und glaubt, wird vom Unbewußten exakt so erschaffen. *Brian Adams*

- Sie werden zu dem, was Ihr Denken beherrscht.
- Sie verändern Ihr Leben, indem Sie Ihr Denken verändern.
- Wenn Sie die Idee haben, haben Sie auch die Fähigkeit, sie zu verwirklichen.

- Jeder Gedanke ist eine Gelegenheit, das erste Glied einer neuen Kette der Gewohnheit zu schmieden.
- Überwiegend unausgewogenes Denken erzeugt Disharmonie, die zu „Gehirnrauschen" führt.
- Überwiegend ausgewogenes Denken führt zu bedingungsloser Liebe und ebnet den Weg zum Erfolg.

Gedanken ...

Alles, was Sie sich lebhaft vorstellen,
sehnlichst wünschen, aufrichtig glauben und
enthusiastisch angehen, muß unweigerlich
in Erfüllung gehen.
Paul Meyer

1. Was würden Sie jetzt am liebsten erreichen?
2. Schließen Sie die Augen und visualisieren Sie sich selbst in einer Situation, in der Sie das, was Sie am liebsten erreichen würden, bereits geschafft haben. Stellen Sie sich dieses Szenario des Erfolgs so detailliert wie möglich vor und achten Sie darauf, daß Sie selbst im Bild zu sehen sind.
3. Denken Sie an drei Situationen, in denen Ihr fester Glaube an einen Gedanken oder eine Idee zu einer erfolgreichen Unternehmung führte.
4. Fangen Sie an, Ihre vorherrschenden Gedanken zu beobachten und zu „redigieren". Lösen Sie alle Ängste und negativen Übertreibungen auf. Bejahen Sie innerlich Ihre Fähigkeit zum Erfolg.

... verwirklichen

Du bist im Besitz der Gaben der Götter; du erschaffst deine Realität nach deinem Glauben. Du besitzt die kreative Energie, welche die Welt erschafft. Das Selbst kennt keine Grenzen, außer denen, an die du glaubst.
Jane Roberts

1. Führen Sie ein kleines Experiment mit sich selbst durch. Lassen Sie einen Wecker oder eine Eieruhr einen Tag lang alle dreißig Minuten klingeln. Schreiben Sie jedesmal, wenn der Wecker klingelt, den Gedanken auf, den Sie direkt vor dem Klingeln hatten.
2. Schreiben Sie die drei wichtigsten Ziele, die Sie erreichen möchten, in der Reihenfolge ihrer Wichtigkeit auf.
3. Notieren Sie sieben Affirmationen für jedes dieser drei Ziele.
4. Lesen Sie die Erfolgsstories von Menschen, deren Errungenschaften Sie bewundern.

Affirmationen

- Ich bin ein Genie und ich wende meine Weisheit an.
- Ich erreiche das, woran ich glaube.
- Ich nähre mein Herz und meine Seele mit gesunden Gedanken und inspirierenden Büchern.
- Ich konzentriere mich überwiegend auf Gedanken, die der Verwirklichung meiner Träume förderlich sind.
- Wenn ich es mir vorstellen kann, kann ich es erreichen.
- Ich sehe, wie mein Körper heilt.

5 | *Was du säst, wirst du ernten*

Wenn du geliebt werden willst, liebe und sei liebenswert.
Benjamin Franklin

Wir können machen, was wir wollen, aber es ist unmöglich, die goldene Regel zu brechen. Dieses übergeordnete, universale Gesetz von Ursache und Wirkung schließt alle anderen Wahrheiten ein. Alles, in das wir unsere Energie geben – sei es ein Gedanke, ein Wort oder eine Tat –, kehrt wie ein Bumerang zu uns zurück. Sowohl die positiven als auch die negativen Energien, die wir in die Welt senden, rollen wie immer größer und schneller werdende Schneebälle wieder auf uns zu.

Wenn wir Liebe säen, ernten wir Liebe. Wenn wir Haß säen, ernten wir Haß. Dieses Prinzip ist so einfach, daß seine tiefe Bedeutung vielen Menschen entgeht. Aufgrund dieses Prinzips haben wir die Freiheit, zu entscheiden und zu wählen, was wir in unserem Leben ernten werden. Wenn wir den reichen Segen des Lebens empfangen wollen, liegt es an uns, ihn uns zu verdienen. Die Segnungen des Lebens werden uns nicht durch Zufall oder „Glück" zuteil. Sie sind vielmehr die Resultate unserer Produktivität und unserer Worte und Taten.

Dieses universale Gesetz zieht sich wie ein roter Faden durch die dokumentierte Geschichte der Menschheit, und doch muß ich vielen meiner Klienten in der ersten Sitzung begreiflich machen, daß sie für die Ereignisse in ihrem Leben selbst verantwortlich sind. Ich erinnere mich an einen Mann namens Morty, der sich darüber beklagte, daß seine Kunden sich ihm gegenüber tagein, tagaus ungeduldig und respektlos verhielten. Er war davon überzeugt, daß sie ihn so schlecht behandelten, weil er Teppichverkäufer war, und erkannte nicht, wie er durch sein eigenes Handeln die Samen für das aussäte, was er erntete. Ich fragte Morty, auf welche Weise er die Kunden begrüßte, wenn sie seinen Laden betraten. „Was meinen Sie damit, wie ich sie begrüße? Ich begrüße sie überhaupt nicht. Das ist kein Empfangskomitee, sondern ein Teppichgeschäft!"

„Nun", fragte ich, „kümmern Sie sich um Ihre Kunden, fragen Sie sie, ob sie bei ihrem Einkauf Hilfe brauchen?" „Schauen Sie, Doktor, ich glaube nicht, daß Sie kapiert haben, was ich sage. Ich habe ein Teppichgeschäft. So einfach ist das. Die Leute wollen Teppiche, und ich habe Teppiche! Was gibt es da zu helfen? Ich bringe an jedem Teppich ein Etikett mit dem Preis und Informationen über die Qualität an. Die Leute sollen in den Laden kommen, sich etwas aussuchen, mir Bescheid sagen und ihre Ware bezahlen", erklärte Morty. „Morty", sagte ich, „kennen Sie die goldene Regel des Lebens?" Er blickte nach oben, nach unten und zur Seite, als versuche er, in sein Gedächtnis hineinzuschauen, zuckte dann mit den Schultern und sagte: „Nein, keine Ahnung." Ich verbrachte die nächsten Stunden damit, Morty die goldene Regel und ihre Auswirkungen zu erläutern. Indem er den Gedanken aussende, nicht belästigt werden zu wollen, erklärte ich ihm, pflanze er jene Samen, die ihm eine Ernte an Kunden bescherten, die ihn mit der gleichen Mißachtung behandelten, welche er ihnen gegenüber empfand. Ich schlug ihm vor, seine Kunden von nun an zu begrüßen und sie wissen zu lassen, daß er für sie da sei, wenn sie Hilfe brauchten. Diese Idee behagte ihm nicht besonders, aber er willigte ein, es zu versuchen.

Einen Monat, nachdem Morty begonnen hatte, positive Samen zu säen, indem er sich wirklich um seine Kunden kümmerte, rief er mich an, um mir mitzuteilen, daß er jetzt respektvoll behandelt werde und sein Umsatz Rekordhöhe erreicht habe. „Ich weiß jetzt, warum Sie es die goldene Regel nennen!" sagte er. Dann fügte er hinzu: „Nein, im Ernst, die Sache funktioniert wirklich, und ich habe obendrein noch das Geld für Aspirin und Magentabletten gespart. Danke, Doktor!"

Ihr Handeln bestimmt Ihre Resultate

Ich werde nie glauben, daß Gott mit der Welt Würfel spielt. *Albert Einstein*

- Alles, in das Sie heute Energie investieren, bringt morgen Resultate.
- Wenn Sie produktive Gedanken hegen, ziehen Sie produktive Unternehmungen an.
- Wenn Sie gut für Ihren Körper sorgen und ihn respektieren, antwortet Ihr Körper mit Energie, Kraft und Gesundheit.
- Sowohl „Glück" als auch „Unglück" sind Illusionen. Das Universum ist kein Glücksspiel, sondern eine fühl- und sichtbare Demonstration von Ursache und Wirkung.

Die Konsequenzen, die Sie in Ihrem Leben erfahren, sind letztendlich weder „gut" noch „schlecht". Sie sind nichts anderes als die vorhersagbaren Auswirkungen jeglichen Handelns – oder Nichthandelns –, das Sie in Betracht gezogen und realisiert haben (oder eben nicht). Das Universum urteilt nicht, es gleicht aus. Alle Kompensationen, die Sie erlebten, sind einfach die Summe all jener Energien, die Sie in die Welt geschickt haben. Alles, was Ihnen begegnet, alles, was Sie ernten – ganz gleich, ob Sie es als gut oder schlecht betrachten –, hat ebensoviele Vorteile wie Nachteile und gibt Ihnen Gelegenheit zu lernen, sich selbst und andere bedingungslos zu lieben. Bei kurzfristigen Zielen oder sehr einfachen Angelegenheiten wissen wir, daß unser Handeln unsere Ergebnisse bestimmt, beispielsweise wenn wir einer Anleitung folgen, um ein Spielzeug oder ein Küchengerät zusammenzubauen oder wenn wir die Zutaten für einen Kuchen mischen. Liegt jedoch eine längere Zeitspanne zwischen Ursache und Wirkung, vergessen wir oft, daß hier das gleiche Prinzip am Werk ist.

Vor ein paar Jahren nahm ein Mann namens George am *Breakthrough*-Prozeß teil. Er saß im Rollstuhl. Er war zwar nicht gelähmt, aber seine Knie waren aufgrund von Arthritis so steif geworden, daß Stehen und Gehen sehr schwierig und anstrengend für ihn war. Er hatte sich gerade nach dreißigjähriger Tätigkeit in einem Architekturbüro zur Ruhe gesetzt und nahm an unserer Gruppe teil, um herauszufinden, was er mit dem Rest seines Lebens anfangen könne. Er sagte:
Ich bin jetzt zweiundsechzig Jahre alt und werde in der Zeit, die mir noch bleibt, nur noch tun, was ich wirklich tun will. Ich werde mich nicht mehr jeden Tag zu einer Arbeit schleppen, die ich nicht ausstehen kann, werde keine kalten Bürogebäude mehr entwerfen, in die die Menschen mit Widerwillen gehen! In den ersten achtzehn Jahren hat mir meine Arbeit Spaß gemacht, aber dann wurde mein Abteilungsleiter versetzt, und ich konnte mich nie an den neuen und seine Arbeitsweise gewöhnen. Karl denkt nur an Profit. Der kreative Aspekt meiner Arbeit ging allmählich völlig verloren, und nach einer Weile glich ein Projekt dem anderen. Aber ich war entschlossen, bis zu meiner Pensionierung durchzuhalten! Und ich kann sagen, daß ich in dieser Zeit Karl für sein Geld springen ließ. Er konnte mich nicht beiseite schieben. Alles, was ich ihm gab, mußte er sich verdienen.

Ich fragte George, was er jetzt tun wolle, und er sagte, er sei nicht sicher. „Als ich noch jünger war", erwiderte er, „bevor diese Arthritis so schlimm wurde, hatte ich die Idee, Traumhäuser zu entwerfen und zu bauen. Aber jetzt – ich weiß es wirklich nicht."

Ich schlug vor, mit dem *Collapse*-Prozeß zu beginnen, und erklärte ihm, daß ihm das helfen könne, seine Gefühle zu klären. Wenn wir diese Wahrheit erfahren, fließt jene bedingungslose Liebe, die immer in unserem Herzen und unserer Seele existiert, die wir aber normalerweise durch einseitige Wahrnehmungen und Emotionen und durch Lügen blockieren.

George beschloß, den *Collapse*-Prozeß zu nutzen, um seine Beziehung zu Karl, jenem verhaßten Abteilungsleiter, zu klären. Dabei wurde ihm klar, daß er selbst ebenfalls all die Dinge getan hatte, für die er Karl verurteilte. Auch erkannte er allmählich ein Muster, das sich im Zeitraum zwischen Karls Eintritt in die Firma und der Verschlimmerung seiner Arthritis entwickelt hatte.

Ich erklärte George, daß eine Versteifung der Knie oft der Ausdruck des Körpers für eine innere Haltung ist, nämlich für die Weigerung, die Knie zu beugen und Autoritäten zu akzeptieren. Ich fragte ihn, wann er begonnen habe, seinen Arbeitsplatz als unerträglich zu beschreiben. Als er antwortete, traten ihm Tränen in die Augen: „Das begann etwa zu der Zeit, als ich Karl kennenlernte." Ich schlug ihm vor, so lange mit dem *Collapse*-Prozeß zu arbeiten, bis er einen Punkt erreicht hatte, wo er Karls Schönheit sehen und erkennen konnte, auf welche Weise dieser ihm in seinem Leben gedient hatte, ja sogar ein Segen für ihn gewesen war.

An jenem Abend beendete George den *Collapse*-Prozeß als letzter, doch nun konnte er endlich sehen, daß Karl einfach alles zurückgab, was George ihm im Laufe der Jahre aufgetischt hatte. Er erkannte deutlich, wie sein eigenes Handeln das Ergebnis bestimmt hatte. Er konnte auch sehen, wie seine Erfahrung mit Karl ihm geholfen hatte zu wachsen, daß sie ihn entschlossener und mutiger gemacht hatte, so daß er nun mit zweiundsechzig noch einmal in der Lage war, einen Neuanfang zu wagen.

George wurde auch bewußt, daß er seinen Körper durch sein Denken programmiert hatte, beispielsweise durch Gedanken wie an seiner Position „festzuhalten", sich „niemals zu beugen" und seine Arbeit „nicht ausstehen zu können". Es gelang ihm zu sehen, wie perfekt viele Aspekte seiner Beziehung zu Karl zueinander paßten, und er dankte Karl dafür, sein bester Lehrer gewesen zu sein. Nachdem er das getan hatte, öffnete sich sein Herz, und Tränen der Dankbarkeit liefen ihm über die Wangen. Jeder im Raum spürte die

Schwingung dieser bedingungslosen Liebe, und kein Auge blieb trocken, als George aufstand und um den Tisch herumging, um dankbar einen Teilnehmer zu umarmen, der ihn an Karl erinnerte und in der Gruppe dessen Rolle für George gespielt hatte. Am nächsten Tag kam George ohne Rollstuhl in die Gruppe. Er war noch steif, aber er konnte gehen! Stolz verkündete er, daß er jedem zur Verfügung stünde, der sich von ihm sein Traumhaus bauen lassen wolle.

Pflanze Blumen oder jäte für den Rest deines Lebens Unkraut

Der Anfang ist die wichtigste Phase der Arbeit. *Plato*

- Wenn wir keine Blumen pflanzen, müssen wir uns für immer mit dem Unkraut herumschlagen.
- Lassen Sie das Unkraut nicht überhand nehmen, nachdem Sie die Blumen gepflanzt haben.
- Immer wenn ein Unkraut herausgezupft wurde, kann man die Blumen besser sehen.
- Alles, was wir in unserem Leben nicht lieben, wird zu unserem Unkraut.

Fairerweise muß man sagen, daß das, was ein Mensch als Unkraut betrachtet, für einen anderen vielleicht eine Blume ist. Als ich ein kleiner Junge war und mit meinen Eltern in einem Vorort von Houston lebte, wohnte nebenan eine ältere Dame mit dem Namen Grubs. Ihr wunderschön angelegter Garten war voller bunter Blumen. Täglich schwirrten die Hummeln und Bienen um die duftenden Blüten des Geißblatts herum. Frau Grubs war eine Meisterin in der Kunst des Gärtnerns, und es machte mir viel Spaß, ihr beim Gießen der Pflanzen zu helfen.

Damals war mein Elternhaus von einem Grasgürtel umgeben, und ich zupfte ständig das Unkraut aus, das ums Haus herumwuchs. Immer wenn ich gerade auf einer Seite des Hauses mit Unkrautjäten fertig war und mich zur anderen Seite vorarbeitete, mußte ich wieder von vorn anfangen. Es erschien mir so sinnlos.

An einem heißen Tag, als ich wieder draußen war und die langen Gräser und Unkrauthalme herauszog, stand Frau Grubs zufällig in ihrem Garten und bemerkte, wie sehr mich meine Tätigkeit frustrierte. Sie kam herüber, lehnte sich an den Gartenzaun und sagte etwas so Tiefsinniges, daß ich es noch heute hören kann. „John", sagte sie, „wenn du keine Blumen in deinem Garten pflanzt, wirst du für den Rest deines Lebens Unkraut jäten müssen." Damals lernte ich die Lektion durch praktische Anschauung, aber als ich älter wurde und die Worte dieser alten Dame mir hin und wieder in den Sinn kamen, begann ich zu begreifen, daß sie auf jeden Bereich meines Lebens zutrafen.

Die Wahrheit ist ...

Wenn du dir selbst eine Freude machen willst,
dann mach' jemand anderem eine Freude.
Booker T. Washington

- Es ist unmöglich, die goldene Regel von Ursache und Wirkung zu brechen; wir ernten auf jeden Fall, was wir gesät haben.
- Das Gute, das uns widerfährt, hat nichts mit sogenannten glücklichen Zufällen zu tun. Es resultiert aus unseren Gedanken, Worten und Taten.
- Ganz gleich, ob Sie etwas anfangs als positiv oder negativ betrachten – alles, was Sie ernten, dient Ihnen und gibt Ihnen die Gelegenheit, bedingungslose Liebe zu säen.
- Ihr künftiges Wohlbefinden ist das Resultat Ihrer heutigen Gedanken und Überzeugungen.

Gedanken ...

> Die Taten eines Menschen sind sein Leben.
> **Westafrikanisches Sprichwort**

1. Schauen Sie am Abend auf den Tag zurück und versuchen Sie, die Verbindung zu erkennen zwischen dem, was Sie gesät haben, und dem, was Sie geerntet haben.
2. Lassen Sie Ihren Tag noch einmal Revue passieren. Visualisieren Sie diesmal, wie Sie die Samen jener Dinge säen, die Sie gern ernten würden, und sehen Sie vor Ihrem geistigen Auge, wie Sie diese guten Dinge ernten.
3. Erinnern Sie sich an eine Situation, die sich auf irgendeine Weise verbesserte, als Sie das Unkraut darum herum auszupften.
4. Denken Sie darüber nach, welcher Bereich Ihres Lebens aufblühen würde, wenn Sie dort „Blumen pflanzten", und beginnen Sie dann zu säen, was Sie am liebsten ernten würden.

... verwirklichen

> Arbeit ist sichtbar gemachte Liebe.   *Kahlil Gibran*

1. Notieren Sie drei Situationen aus Ihrem Leben, die Sie als negativ empfinden.
2. Wählen Sie von diesen drei Situationen eine aus, deren Lösung Ihnen am wichtigsten erscheint und die Sie am liebsten aus einer gesunden Perspektive sehen würden. Schreiben Sie in bezug auf diese Situation dreißig Dinge auf, die Sie ablehnen oder als negativ betrachten. Gehen Sie Ihre Liste nun noch einmal durch und erinnern Sie sich bei jedem negativen Aspekt an eine Zeit in Ihrem Leben, in der Sie auf die gleiche oder eine ähnliche Weise handelten. Seien Sie ehrlich und schauen Sie genau hin. Gehen

Sie die Liste dann ein drittes Mal durch und schreiben Sie auf, auf welche Weise jeder der Aspekte, die Sie als negativ betrachteten, Ihnen half oder Ihnen diente. Schreiben Sie einen Brief ans Universum, in dem Sie Ihre Dankbarkeit für alle Gelegenheiten zum Ausdruck bringen, welche die betreffende Situation Ihnen bot, um bedingungslose Liebe zu säen und zu ernten.

Affirmationen

- Ich säe, was ich ernten möchte.
- Ich pflanze Blumen und jäte Unkraut im Garten meines Lebens.
- Ich säe Samen der Produktivität und ernte gute Resultate.
- Ich achte meine Rolle als Schöpfer(in) meines Lebens und bin dankbar dafür, daß mein Handeln meine Ergebnisse bestimmt.
- Ich säe gesunde Gedanken, um Gesundheit zu ernten.

6 | *Jeder Wunsch, der von Herzen kommt kann in Erfüllung gehen*

> Jeder Augenblick Ihres Lebens ist unendlich kreativ, und das Universum ist unermeßlich reich.
> Senden Sie einfach eine klare Bitte aus, und alles, was Ihr Herz sich wünscht, wird unweigerlich zu Ihnen kommen. *Shakti Gawain*

Jeder von Herzen kommende Wunsch ist erfüllbar, auch der Wunsch nach guter Gesundheit. Doch es genügt nicht, ein paar Münzen in einen Brunnen zu werfen – wir müssen schon etwas mehr investieren, wenn wir unsere Eingebungen und Wünsche verwirklichen wollen. In Wahrheit ist es unsere Bestimmung, uns der Verwirklichung unserer intuitiven Ideen zu widmen. Das ist unser Lebenszweck. Doch aus irgendeinem Grund zweifeln wir oft daran, daß wir verdient haben, unsere Träume zu leben, und so halten wir an unseren Illusionen fest und arrangieren uns mit der Mittelmäßigkeit, anstatt unserer wahren Bestimmung zu folgen und nach den Sternen zu greifen. Aber wir müssen uns niemals mit etwas Geringerem zufriedengeben als mit dem, was wir wirklich wollen und lieben! Wir sind mit allen notwendigen Fähigkeiten ausgestattet, um unsere Herzenswünsche zu verwirklichen, ganz gleich, worum es sich dabei handelt. Nichts außer unseren illusorischen Ängsten steht uns im Weg, doch wenn Dankbarkeit unser Handeln bestimmt, lösen sich Ängste auf, so wie das Licht die Dunkelheit vertreibt. Wenn wir wirklich im tiefsten Innern Dankbarkeit empfinden für alles, was wir sind und was wir haben, führt uns unser Herz auf den Weg zur Erfüllung unserer größten Wünsche und unserer wahren Bestimmung.

Vor ein paar Monaten erhielt ich ein Päckchen von einer Frau namens Rosalyn, der ich noch nie begegnet war. Das Päckchen enthielt eine Geburtsanzeige, die Fotografie eines neugeborenen Jungen und einen Dankesbrief mit folgendem Inhalt:

Lieber Dr. Demartini,
mein Mann Bruce und ich möchten Ihnen danken, denn Sie haben eine Rolle bei der Geburt unseres Sohnes Christopher gespielt. Wir wünschten uns sehnlichst ein Baby, aber die Ärzte erklärten uns, daß unsere Chance, ein Kind zu bekommen, ohne Hormonbehandlung gleich null sei. Ich wollte keine Hormone nehmen, und meine biologische Uhr stand kurz vor fünfundvierzig.
Da mein fünfundvierzigster Geburtstag auf einen Freitag fiel, beschloß ich, einen Tag freizunehmen und mir ein verlängertes Wochenende zu gönnen. Morgens überraschte mich Bruce mit dem Frühstück am Bett, und ich schaltete den Fernseher ein, um zu sehen, was gerade lief. Nachdem ich ein paarmal den Sender gewechselt hatte, erregten Sie mein Interesse. Sie waren Gast in einer Gesundheitssendung und sagten gerade zu einer Frau im Publikum, daß „jeder Herzenswunsch erfüllbar ist". Es stellte sich heraus, daß die Frau unter ihrer Unfruchtbarkeit litt – genau wie ich. Ihre Geschichte ähnelte meiner so sehr, daß ich plötzlich einen dicken Kloß im Hals spürte und zu weinen anfing. Mir war, als würden Sie direkt zu mir sprechen, als Sie der Frau sagten, sie solle jeden Morgen und jeden Abend für das Gute in ihrem Leben danken und nicht damit aufhören, bis ihr Herz sich für die bedingungslose Liebe und Führung ihrer Seele geöffnet habe. Und dann sagten Sie: „Wenn Sie dankbar sind für das, was Sie haben, ziehen Sie noch mehr Segen in Ihr Leben."
Nun, ich nahm mir Ihren Rat zu Herzen, und mein Mann tat es ebenfalls, und drei Monate später stellte ich fest, daß ich schwanger war. Christopher ist jetzt einen Monat alt. Er ist ein gesundes Baby und ein größerer Segen für unser Leben, als wir uns je erträumt hatten. Danke,
Rosalyn, Bruce und Christopher

Jedes Wunder beginnt als Traum

> Die Zukunft läßt sich am besten mit einem Traum
> gestalten. *Victor Hugo*

- Träume spiegeln Ihre höchsten Werte. Sie sind der Spielplatz Ihres Geistes, auf dem jeder Herzenswunsch in Erfüllung gehen kann.
- Inspirierende Träume und Eingebungen sind die treibende Kraft hinter allen großen Errungenschaften und Taten.
- Ein Traum ist ein Zauberbaum, an dem Sie auf eine neue Bewußtseinsebene klettern können – einen Ort, an dem Sie Ihre Worte umsetzen, Ihre Taten vollbringen, Ihre Berechnungen anstellen, Ihre Denkmäler errichten und die entferntesten Bereiche Ihrer Vorstellungskraft ausloten können.
- Alles, was Sie sich vorstellen können, können Sie auch erreichen.

Ein Wunder ist nichts anderes als ein Ereignis, das nicht mit den gegenwärtigen wissenschaftlichen Theorien übereinstimmt. So belegten beispielsweise die an Rosalyn durchgeführten wissenschaftlichen Tests, daß sie nicht schwanger werden konnte, doch Rosalyn wußte es besser! Die Wissenschaft ist eine wunderbare Sache, aber sie ist Lichtjahre davon entfernt, alle Rätsel unseres komplexen Universums lösen zu können. Wenn es also um Herzensangelegenheiten geht, ist es klüger, auf die innere Stimme, die innere Führung zu hören, als die begrenzenden Aussagen einiger Wissenschaftler oder anderer Zweifler zu übernehmen.

Indem Sie auf die Weisheit Ihres Herzens und Ihrer Seele vertrauen und dieser inneren Stimme folgen, leben Sie Ihr Leben im Zustand bedingungsloser Liebe und sind bereit für Wunder aller Art. Bedingungslose Liebe heilt Ihren Körper und Ihren Geist und gibt Ihren Träumen und Eingebungen Energie.

Vor etwa zehn Jahren bekam ich die Gelegenheit, einen wunderwirkenden Menschen namens Joe kennenzulernen. Er wirkte Wunder im Leben jener Kinder, die die Schule besuchten, in der er als Hausmeister arbeitete. Es war eine kleine Schule mit einem noch kleineren Budget, aber Joe liebte seine Arbeit – und er liebte die Kinder. Er kannte viele von ihnen mit Namen und behandelte sie stets respektvoll und freundlich.

Ganz besonders achtete er auf jene Kinder, denen er ansah, daß sie zu kämpfen hatten. In dieser ärmlichen Gegend kamen manche Kinder Tag für Tag ohne Pausenbrot zur Schule. Oft schmierte Joe über zwanzig belegte Brote, die er in der großen Pause, wenn alle draußen waren, unter die Pulte der Kinder legte. Wenn er Zeit hatte, brachte er kleine Aufkleber an, auf die er schrieb: „Von einem deiner Engel."

An einem Sommernachmittag begegnete ich Joe zufällig im Stadtpark. Er strahlte, und ich fragte ihn, wie er seine Sommerferien verbracht habe. „Also", sagte er, „ich habe in den Ferien als Freiwilliger bei einem Schulprojekt mitgearbeitet. Wir haben einen kleinen Anbau fertiggestellt, so daß die Kinder jetzt eine Cafeteria und einen Speiseraum haben. Die Schule hat von der Landesregierung Fördermittel erhalten, mit denen Kinder, die sich das Essen dort nicht leisten können, unterstützt werden."

Ich fragte Joe, wie der zuständige Bezirk das Geld für den Anbau aufgebracht habe, und er erzählte mir ganz bescheiden, daß er zu diesem Zweck schon vor Jahren eine Kampagne gestartet hatte. Er sagte: „Ich habe als Kind erfahren, was Hunger ist. Deshalb war es schon immer mein Wunsch, hungernden Kindern zu helfen." Er erzählte mir auch, daß ihn anfangs, als er begann, Geld für dieses Projekt zu sammeln, viele Leute als unrealistischen Spinner belächelt hatten, aber er glaubte an seinen Traum – und die Spendengelder flossen.

Es ist Ihre Bestimmung, Ihre Eingebungen und Träume Wirklichkeit werden zu lassen.

Bewegen Sie sich vertrauensvoll in Richtung Ihrer Träume. Leben Sie das Leben, das Sie sich vorgestellt haben. *Henry David Thoreau*

- Sie besitzen alle notwendigen Fähigkeiten, um Ihren Traum Wirklichkeit werden zu lassen.
- Ihre Träume sind Ihre Visionen und Ihre Berufung.
- Um Ihre Träume zu verwirklichen, müssen Sie bereit sein, Ihre Illusionen zu opfern.
- Wenn Sie Ihren Eingebungen folgen, ziehen Sie jene Menschen, Orte, Dinge, Ideen und Ereignisse in Ihr Leben, die zur Verwirklichung Ihrer Herzenswünsche beitragen können.

Ihre Inspirationen sind das Herzblut Ihrer Seele. Sie sind der Grund für Ihre Existenz. Wenn Sie dieser inneren Führung folgen und Ihre Träume nicht aus den Augen verlieren, müssen Sie Erfolg haben. Indem Sie sich der Weisheit Ihres Herzens und Ihrer Seele anvertrauen und auf dieser Grundlage aktive Schritte unternehmen, wandeln Sie Ihre Träume in greifbare Realität um.

Vor ungefähr einem Jahr nahm eine Frau namens Linda an einem meiner Gruppenprogramme teil, das ich *Prophecy* nenne. Linda erklärte mir gleich zu Beginn, daß sie eine Vision habe, daß sie genau wisse, was sie am liebsten tun würde, doch daß ihr die Verwirklichung ihres Traumes, vernünftig betrachtet, unmöglich schien. Ich machte Linda klar, daß sie durch intensive Konzentration auf ihren Traum und durch aktive, von ihrer Inspiration geführte Schritte buchstäblich die Menschen, Ereignisse und Mittel in ihr Leben ziehen würde, die sie brauchte, um ihren Traum wahrzumachen. Ein paar Tage später offenbarte sie uns ihren Traum: Sie wollte einen „Haussitterdienst" gründen. Sie wußte, daß viele Babysitterdienste geeignete Männer und Frauen für die Kinderbetreuung vermittelten. Sie dagegen hatte die Vision, einen Dienstleistungsbetrieb zu gründen, dessen fähige Angestellte den Haushalt solcher Eltern übernehmen würden, die sich selbst um ihre Kinder kümmern wollten. Viele Gruppenteilnehmer hielten das für eine großartige Idee, und im Laufe der Woche begann Linda zu erkennen, welche Schritte sie unternehmen konnte, um ihren Traum zu realisieren. Sie konzentrierte sich so stark auf ihre Idee, daß sie am Ende des siebentägigen Gruppenprogramms bereits eine Anzeige in der Zeitung aufgegeben hatte, um Leute zu finden, die als Haussitter arbeiten wollten. Außerdem bekam sie von zwei Gruppenteilnehmern die Adressen von Ehepaaren, die die Dienste des Haussitterservice sicherlich gern in Anspruch nehmen würden.

Die Wahrheit ist ...

Alles, was wir sehen oder als was wir erscheinen,
ist nichts als ein Traum in einem Traum.
Edgar Allen Poe

• Wenn Sie Ihren Inspirationen folgen, empfangen Sie Licht, Liebe, Weisheit und Kraft.
• Da Sie Herr(in) Ihrer Träume sind, besitzen Sie die Willenskraft, der Weisheit Ihres Herzens und Ihrer Seele zu folgen.
• Ihr Herz und Ihre Seele sprechen die Sprache bedingungsloser Liebe und Dankbarkeit.
• Jeder Herzenswunsch kann in Erfüllung gehen, weil es die Bestimmung eines jeden inspirierenden Wunsches ist, Wirklichkeit zu werden.

Gedanken ...

> Stecke deine Ziele hoch, je höher, desto besser.
> Sei darauf gefaßt, daß die wunderbarsten Dinge
> geschehen – nicht in der Zukunft, sondern jetzt.
> *Eileen Caddy*

1. Erinnern Sie sich an drei Dinge, die Sie sich wünschten und die in Erfüllung gingen, als Sie Münzen in einen Brunnen warfen oder Ihre Geburtstagskerzen ausbliesen.
2. Nehmen Sie sich eine Weile Zeit, um über jeden dieser drei Wünsche nachzudenken, und fragen Sie sich, ob es echte Herzenswünsche waren.
3. Denken Sie an mindestens zwei Menschen aus Ihrem Bekanntenkreis, die an ihre Träume glauben und nach deren Verwirklichung streben. Laden Sie sie als Ratgeber zum Essen ein.
4. Nehmen Sie sich jetzt fünf Minuten Zeit, schließen Sie die Augen und lassen Sie sich von Ihren Inspirationen entführen.

... verwirklichen

> Bittet, und es wird euch gegeben; suchet, und ihr
> werdet finden; klopfet an, und es wird euch aufgetan.
> *Matthäus 7, 7*

1. Erinnern Sie sich an eine oder zwei Situationen, in denen andere Menschen versuchten, Sie von einem Ziel abzubringen und zu entmutigen, und Sie letztendlich doch erfolgreich waren, weil Sie Ihr Ziel nicht aus den Augen verloren haben.
2. Wählen Sie das Ziel aus, für dessen Verwirklichung Sie heute am dankbarsten sind, und schreiben Sie alle Einzelheiten auf, die Ihnen zu dieser Situation einfallen. Verges-

sen Sie nicht, etwas über die Führung durch Ihre Inspiration, Ihre Gefühle der Liebe und über Ihre aktiven Schritte hinzuzufügen.
3. Setzen Sie sich in einen bequemen Sessel und zählen Sie alles Gute in Ihrem Leben auf. Denken Sie an alle Menschen, Umstände und Dinge, für die Sie echte Dankbarkeit empfinden. Konzentrieren Sie sich auf die Augenblicke der Dankbarkeit, bis sich Ihre Augen mit Tränen füllen. Bitten Sie dann Ihre innere Stimme um eine Vision.
4. Unternehmen Sie den ersten Schritt zur Verwirklichung der Vision, die Ihnen gerade offenbart wurde.

Affirmationen

- Dankbar öffne ich mein Herz, um der Weisheit meiner Seele zu lauschen.
- Ich besitze die Weisheit und Disziplin, um auf meine innere Stimme zu hören – und ihr zu folgen.
- Jeder meiner liebevollen und heilenden Wünsche ist erfüllbar.
- Ich bin dankbar für meine Träume und Inspirationen.

7 | *Wenn Sie nicht wissen, wohin Sie gehen, kommen Sie woanders an*

Die größte Versuchung besteht darin, sich mit zuwenig zufriedenzugeben. *Thomas Merton*

Sie haben die größte Chance, dorthin zu gelangen, wo Sie hinwollen, wenn Sie genau wissen, wohin Sie steuern. Das gilt für die Heilung Ihres Körpers genau wie für alles andere. Doch obwohl viele Menschen das intuitiv wissen, praktizieren es nur wenige in ihrem täglichen Leben. Ich kenne eine Menge Leute, die ihre drei oder vier Wochen Urlaub äußerst sorgfältig planen und während der restlichen Wochen des Jahres in den Tag hinein leben. Anstatt also von ihren eigenen Plänen geführt zu werden, strampeln sie sich ab oder stolpern ziellos durchs Leben, weil sie keine klare Richtung vor sich haben.

Viele Leute konsultieren mich, weil sie in ihrem Leben nicht die Erfüllung finden, die sie sich wünschen. Häufig empfinden sie ihre Arbeit als langweilig und uninteressant und ihr Leben als sinnlos. Viele von ihnen erzählen mir, sie wüßten nicht, was sie wirklich gern täten, aber sie sind sicher, daß es nicht das ist, was sie gegenwärtig tun. Das Interessante daran ist, daß ich nach einem kurzen Gespräch im allgemeinen feststelle, daß sie sehr wohl wissen, was sie am liebsten täten. Was sie nicht wissen, ist, wie sie ihr Ziel erreichen können. Oft mißachten Menschen ihre inspirierendsten Einfälle und arrangieren sich mit dem, was vernünftig scheint oder zufällig ihren Weg kreuzt.

Am vitalsten und zielstrebigsten sind jedoch stets jene Menschen, die von einer inneren Berufung geführt werden und auf ein klares Ziel hinarbeiten. Diese Männer und Frauen organisieren ihr Leben so, daß sie sich unweigerlich auf die Verwirklichung ihrer tiefsten Wünsche zubewegen. So bekommt alles in ihrem Leben mehr Sinn.

Gene war dreiundvierzig, als er mich zum ersten Mal aufsuchte. Er arbeitete als Landschaftsarchitekt für eine renommierte Universität, bezog ein beachtliches Monatsgehalt und empfand seine Arbeit und sein Leben als außerordentlich stumpfsinnig. Er hatte das Gefühl, daß sein Leben halb vorbei sei und er noch immer keine Vorstellung davon hatte, was er wirklich tun wollte. Im Laufe unseres Gesprächs spürte ich jedoch, daß Gene einen heimlichen Traum hegte, dem er jedoch aus irgendeinem Grunde keine Beachtung schenkte. Ich stellte ihm eine Reihe von Fragen über seine Hobbies und die Freizeitaktivitäten, die er am meisten schätzte, bis sich ein bestimmtes Muster abzuzeichnen begann. Gene liebte die freie Natur. Er hatte sich für den Beruf des Landschaftsarchitekten entschieden, weil er sich vorgestellt hatte, daß sich ihm dadurch viele Gelegenheiten bieten würden, im Freien zu arbeiten. Statt dessen hatte er in den vergangenen zehn Jahren die meiste Zeit mit Anzug und Krawatte im Büro verbracht, Pläne gewälzt und die Außenaktivitäten an seine Angestellten delegiert.

„Als ich jünger war, stellte ich mir oft vor, wie toll es sein müßte, Förster zu sein und dafür bezahlt zu werden, im Wald umherzustreifen und die Naturparks zu pflegen. Aber heutzutage könnte ich eine solche Einkommenseinbuße niemals verkraften", sagte er. „Keiner dieser Jobs bringt so viel ein, daß ich damit den Lebensunterhalt für meine Familie bestreiten könnte. Deshalb suche ich einfach nach irgendeiner anderen Tätigkeit, die zumindest ein bißchen besser ist als das, was ich zur Zeit mache."

Gene war in der Illusion gefangen, daß er sich, um genauso viel oder mehr Geld zu verdienen, mit einer Arbeit zufriedengeben müsse, die weniger erfüllend war als die, die er sich wirklich wünschte. Ja, er war sich dessen so sicher, daß er sich noch nicht einmal die Mühe gemacht hatte, sich über andere berufliche Möglichkeiten zu informieren, die ihm das gewünschte Einkommen bieten würden. Auch hatte er noch nicht die Möglichkeit in Betracht gezogen, sich selbst eine neue Position zu schaffen, indem er seine beruflichen Kenntnisse und Erfahrungen entsprechenden Unternehmen, privaten Grundbesitzern oder der staatlichen Forstwirtschaft zur Verfügung stellte. Ich schlug Gene vor, mindestens zehn Stunden zu investieren, um sich über berufliche Möglichkeiten zu informieren, die ihn wirklich begeisterten.

Ein paar Wochen später stürmte Gene wie ein Wirbelwind in meine Praxis, um mir mitzuteilen, daß er nun wisse, was er wirklich tun wolle. „Ich werde als Landschaftsberater arbeiten", sagte er. Er hatte festgestellt, daß er bereits über genügend Kontakte verfügte, um eine solche Beratungstätigkeit stundenweise, an Abenden und Wochenenden auszuüben. Er schätzte, daß es etwa drei bis fünf Jahre dauern würde, bis er sich völlig selbständig machen könnte. Doch bereits zwei Jahre nach unserem Gespräch verdiente Gene mit seinem Beratungsservice über achtzigtausend Dollar im Jahr – viel mehr, als er an der Universität verdient hatte. „Nachdem ich erst einmal genau wußte, in welche Richtung ich gehen wollte, und Sie so sicher waren, daß ich einen Weg finden würde, um dorthin zu gelangen, erkannte ich, daß ich es wirklich schaffen könnte", sagte er. Gene wurde von dem Wissen inspiriert, daß er seine Nebenbeschäftigung zu seiner Berufung machen konnte.

Kürzlich schickte er mir ein paar wunderschöne Landschaftsaufnahmen, die er gemacht hatte, als er beruflich in der Nähe des Grand Canyon Nationalparks zu tun hatte. Er schrieb: „Die vergangenen fünf Jahre waren die erfüllendsten meines Lebens. Ich liebe, was ich tue, ich weiß meine Fähigkeiten mehr zu schätzen, ich genieße mein Familienleben mehr denn je, habe mehr Energie, und mein Leben hat insgesamt mehr Sinn bekommen."

Folgen Sie dem Traum in Ihrem Herzen

> Vertraue auf dein Herz ... Verschließe dich nie seiner Botschaft.
> Es ist das Heimorakel, das oft die wichtigsten Dinge vorhersagt. *Baltasar Gracián y Morales*

- In Ihrem tiefsten Innern kennen Sie Ihren Traum bereits, aber vielleicht wissen Sie nicht, daß Sie ihn kennen.
- Wenn Sie feststellen, daß Sie ziellos durchs Leben stolpern, dann ist das ein Zeichen dafür, daß Sie die weise Führung Ihres Herzens und Ihrer Seele ausgeblendet haben.
- Ihre Motivation wird sich auf wunderbare Weise erhöhen, wenn Sie erst einmal angefangen haben, dem Traum in Ihrem Herzen zu folgen.
- Es gibt keinen Ersatz für aktives Handeln. Fangen Sie jetzt damit an.

Wenn Sie dem Traum in Ihrem Herzen folgen, ist es, als folgten Sie der gelbgepflasterten Straße nach Oz. Sie werden auf Ihrem Weg unweigerlich mit Schwierigkeiten konfrontiert, vielleicht treffen Sie sogar eine böse Hexe oder zwei, aber Sie werden solchen Herausforderungen immer begegnen, welchen Weg Sie auch wählen. Und da Sie, ganz gleich, was Sie tun, garantiert sowohl Freude als auch Leid erfahren werden, können Sie getrost den Weg wählen, der die größtmögliche Erfüllung bietet und letztendlich das meiste Licht in Ihr Leben bringt.

Kürzlich hatte ich das Vergnügen, ein sehr ausdrucksstarkes sechsjähriges Mädchen namens Emily kennenzulernen, als ich in Houston in einem meiner Lieblingsrestaurants zu Mittag aß. Sie kam auf mich zu und sagte: „Sie sind Doktor Demartini." Als ich das bejahte, fuhr sie fort: „Ich bin Emily. Ich komme aus Tennessee." Im gleichen Moment fiel mein Blick auf eine Frau am Nebentisch, die vor über sechs Jahren meine Patientin gewesen war. Sie hatte damals mehrere chiropraktische Sitzungen bei mir genommen. Sie entschuldigte sich für die Störung durch ihre Tochter, doch bevor sie das Kind daran hindern konnte, sprang Emily auf den Sessel mir gegenüber und sagte: „Meine Mama hat mir erzählt, wie du ihren Rücken geheilt hast. Sie war dann so gesund, daß sie mich hochheben und mit mir spielen konnte!" Nun kam auch ihre Mutter Melissa an meinen Tisch. „Ich wollte Sie nicht stören", sagte sie, „aber da Emily das bereits getan hat – haben Sie vielleicht eine Minute Zeit?"

Ich lud beide ein, mir beim Essen Gesellschaft zu leisten, und Melissa begann zu erzählen, wie sich die Dinge seit der Heilung ihres Rückens für sie entwickelt hatten:

Mein Leben lang wollte ich Lehrerin werden, aber wie Sie wissen, hatte ich seit meiner Kindheit Rückenprobleme und konnte höchstens zehn Minuten lang schmerzfrei stehen. Also wurde ich Sekretärin und dann Assistentin in der Buchhaltung und dann Stenografin. Ich war überzeugt, daß ich niemals Lehrerin werden könnte, also versuchte ich, andere Tätigkeiten zu finden, die ich trotz meiner Rückenprobleme ausüben könnte.

Ich erinnerte mich daran, daß sie zu der Zeit, als sie meine Patientin war, gerade ihre Tochter Emily bekommen hatte. Damals hatte sie zu mir gesagt, daß sie ihre Rückenprobleme immer als Teil ihres Lebens akzeptiert habe. Doch nach der Geburt von Emily verspürte sie den tiefen Wunsch, ihren Rücken zu heilen, um mehr mit ihrer Tochter unternehmen zu können. Sie sagte:

Von all den Ärzten, die ich konsultierte, waren Sie der erste, der daran glaubte, daß mein Rücken geheilt werden könnte und daß ich stark genug sei, alles zu tun, was ich tun wollte. Weil Sie mir diese Gewißheit vermittelten, begann ich, mir vorzustellen, wie es wäre, wenn mein Rücken so stark und gesund würde, daß ich mit Emily spielen könnte, und ich begann darüber nachzudenken, daß ich vielleicht eines Tages sogar Lehrerin werden könnte! Ich entdeckte in mir eine neue Kraft und eine neue Entschlossenheit, gesund zu werden und zu lehren.

Ich sagte ihr, daß ich mich freute, daß es ihr so gut ging, und fragte sie, was sie wieder nach Houston geführt hatte. „Nun", erwiderte sie stolz, „dank Ihnen bin ich hier, um an einer Lehrerkonferenz teilzunehmen!"

Konzentrieren Sie sich auf Ihr höchstes Ziel

Schauen Sie nie nach unten, um den Boden zu prüfen, bevor Sie Ihren nächsten Schritt machen. Nur derjenige, der seinen Blick auf den entfernten Horizont gerichtet hält, wird den richtigen Weg finden.
Dag Hammarskjöld

- Affirmationen stimmen Sie auf Ihr Vorhaben ein.
- Beständigkeit, Ausgeglichenheit, Gelassenheit und innerer Friede sind Anzeichen dafür, daß Sie Fortschritte machen.
- Richten Sie Ihren Blick auf Ihr Hauptziel, nicht nur auf den Weg, der direkt vor Ihnen liegt.
- Hindernisse und Schwierigkeiten geben Ihnen Gelegenheit, bedingungslos lieben zu lernen und die durch Ihre Illusionen entstandenen Wunden zu heilen.

Je mehr Sie sich auf Ihre Bestimmung und Ihr wichtigstes Lebensziel konzentrieren, desto stärker ziehen Sie die Menschen, Orte, Situationen und Mittel in Ihr Leben, die Ihnen auf Ihrer Reise hilfreich sein können. Die Konzentration auf Ihr wichtigstes Ziel oder Ihre höchste Bestimmung ist in der Tat die effektivste Möglichkeit, dorthin zu gelangen. Vielleicht geraten Sie in Versuchung, mehr Energie in die auf Ihrem Weg liegenden Hindernisse und Ablenkungen zu investieren als in die Vision Ihres Herzens. Doch wenn Sie das tun, könnte die Beschäftigung mit diesen Hindernissen und Ablenkungen zur Gewohnheit werden. Das wiederum könnte Sie früher oder später zu dem falschen Schluß verleiten, daß Sie nicht in der Lage sind, Ihren Traum zu verwirklichen. Aber Sie müssen dieser Illusion nicht anheimfallen! Ein Seiltänzer ist ein gutes Beispiel für einen Menschen, der seinen Blick auf sein wichtigstes Ziel und nicht nur auf den direkt vor ihm liegenden Weg richtet. Als ich ungefähr acht Jahre alt war, beobachtete ich im Zirkus mit Erstaunen einen Jungen meines Alters, der ein Seil überquerte. Als ich später am gleichen Tag schlangestand, um mir ein Eis zu holen, entdeckte ich den kleinen Seiltänzer direkt hinter mir. Ich fragte ihn: „Wie kannst du das Seil überqueren, ohne es überhaupt je anzuschauen?" „Nur so kann ich es überqueren", erwiderte er. „Ich muß meinen Blick ununterbrochen auf die andere Plattform richten, sonst falle ich sofort runter."

Nachdem wir unser Eis bekommen hatten, sagte er: „Komm mal mit rüber zu dieser Absperrkette, und ich zeige dir, was ich meine." Die nächsten paar Minuten lang übte ich, auf der Kette zu balancieren. Wenn ich meine Augen ununterbrochen auf das Stopschild am Ende der Kette richtete, konnte ich das Gleichgewicht halten. Sobald ich jedoch auf das vor mir liegende Stück der Kette schaute, fiel ich hinunter. Ich habe den Seiltänzer nie wiedergesehen, aber er war einer meiner weisesten Lehrer, und die Lektion, die er mir erteilte, war immer wieder sehr wertvoll für mich.

Die Wahrheit ist...

Ein Hindernis ist etwas, das wir sehen, wenn wir den Blick von unserem Ziel abwenden. *Anonym*

- Wenn Sie wissen, in welche Richtung Sie gehen, und sich der Führung Ihres Herzens und Ihrer Seele anvertrauen, wird Ihre Reise mit Sicherheit erfüllender sein.
- Wenn Sie sich nicht auf Ihr Hauptziel konzentrieren, können äußere Veränderungen und Unentschlossenheit Sie hin und her werfen wie ein Ruderboot im Sturm.
- Wenn Sie dem Traum in Ihrem Herzen folgen, sind Sie energiegeladen, begeistert und motiviert.
- Wenn Sie sich auf Ihr wichtigstes Lebensziel konzentrieren, überwinden Sie Hindernisse mit Leichtigkeit.
- Wenn Sie sich auf Ihre Heilung konzentrieren, werden Sie gesund.
- Wenn Sie dem Weg folgen, den Ihre Inspirationen Ihnen weisen, wird Ihr Körper gestärkt, Ihr Geist geschärft, und Sie sind umhüllt von der heilenden Kraft bedingungsloser Liebe.

Gedanken ...

Wir können nur Erfolg haben, wenn wir im Leben oder im Krieg oder bei irgendeiner anderen Angelegenheit ein einzelnes übergeordnetes Ziel im Auge haben und alle anderen Betrachtungen diesem einen Ziel unterordnen.   *Dwight D. Eisenhower*

1. Nehmen Sie sich eine Weile Zeit, um Ihr Leben zu betrachten, und fragen Sie sich, ob Sie auf dem Weg sind, auf dem Sie sein wollen.
2. Falls Sie auf dem richtigen Weg sind, schließen Sie die Augen und konzentrieren sich zehn Minuten lang auf Ihr Ziel oder Ihre Richtung. Sind Sie nicht auf dem von Ihnen gewünschten Weg, schließen Sie ebenfalls die Augen und stellen sich vor, wie Sie jene Dinge tun, die Sie am meisten begeistern.

3. Erinnern Sie sich an eine Situation in Ihrem Leben, wo Sie mit Hilfe Ihrer Kreativität oder Ihres Einfallsreichtums ein Hindernis auf Ihrem Weg auflösen oder umgehen konnten. Loben Sie sich für Ihr Durchhaltevermögen.
4. Erinnern Sie sich an eine Zeit in Ihrem Leben, wo Sie auf dem von Ihnen gewählten Weg und im Gleichgewicht geblieben sind, weil Sie Ihren Blick nicht von Ihrem Hauptziel abwandten.

... verwirklichen

Werde still und erkenne ein klares Muster, einen Plan, der alle deine Leben durchzieht. Nichts ist Zufall.
Eileen Caddy

1. Werfen Sie innerlich einen Blick in Ihre Zukunft und schreiben Sie auf, was Sie dann gern sein, tun und haben möchten.
2. Klären Sie Ihre wichtigsten Lebensziele, indem Sie Ihren eigenen Nachruf schreiben. Gehen Sie davon aus, daß Sie mindestens hundert Jahre alt werden.
3. Nehmen Sie sich drei bis fünf Minuten Zeit, um für Ihre Inspirationen zu danken. Bitten Sie jede Art von höherer Führung, die Sie benötigen, zum rechten Zeitpunkt in Erscheinung zu treten, und glauben Sie daran, daß es geschehen wird.
4. Kleben Sie ein Album mit Bildern voll, die Ihre Antworten auf die Fragen 1 und 2 darstellen. Das können eigene Fotos, aus Zeitschriften ausgeschnittene Bilder oder Zeichnungen sein. Es geht darum, eine visuelle Darstellung Ihrer inspirierenden Träume zu kreieren, die Ihre verbalen Affirmationen mit sichtbaren Eindrücken unterstützt.

Affirmationen

- Ich bin weise genug, dem Traum in meinem Herzen zu folgen.
- Ich konzentriere mich auf mein Ziel und meine Bestimmung, dieses Ziel zu erreichen.
- Ich bin dankbar für die Gelegenheiten, die mir durch Hindernisse geboten werden, und meine Begeisterung und Inspiration hilft mir, sie zu überwinden.
- Ich nutze die unendliche Macht bedingungsloser Liebe, um meinen Körper zu stärken und zu heilen, so daß ich meine inspirierenden Träume verwirklichen kann.

8 | *Ihre Grenzen existieren nur in Ihrem Kopf*

Tu es, und du wirst die Kraft dazu haben.
Ralph Waldo Emerson

Viele Menschen führen eine lange Liste von Gründen an, wenn sie erklären sollen, warum sie nicht tun, was sie wirklich tun möchten, doch nur wenige sind bereit, diese Gründe einer objektiven Prüfung zu unterziehen und sich die dahinter stehenden Ängste anzuschauen. Tatsache ist, daß sich hinter jeder eingebildeten Einschränkung – einschließlich Krankheit – eine bestimmte Angst verbirgt. Wie sehr wir auch versucht sein mögen, andere Menschen oder äußere Umstände für unsere gegenwärtige Lebenssituation verantwortlich zu machen, früher oder später müssen wir erkennen, daß wir diese Einschränkungen selbst in unser Leben ziehen. Auch wenn diese Wahrheit uns einen kleinen Dämpfer versetzt, ist sie doch höchst inspirierend.

Da wir unsere Begrenzungen und Einschränkungen selbst erschaffen, können wir sie auch selbst durchbrechen. Nicht, indem wir sie unterdrücken, ignorieren oder verleugnen, sondern indem wir lernen, sie zu lieben. Ja, *sie zu lieben*. Weil alles, was wir nicht lieben, uns beherrscht und uns aufgrund unserer Angst an inspiriertem Handeln hindert. Unsere Begrenzungen sind all jene Aspekte unseres Selbst oder anderer, die zu lieben und zu würdigen wir noch nicht gelernt haben. Jedesmal, wenn wir also einen ehrlichen Blick auf eine Einschränkung oder Blockierung werfen, geben wir uns selbst Gelegenheit, zu lieben und eine höhere Bewußtseinsebene zu erreichen.

Jeder von uns verfügt über die notwendige Kreativität und Fähigkeit, die eigenen Begrenzungen zu überschreiten. Doch manchmal sind diese Begrenzungen so bequem, und die Vorstellung, wir könnten unsere Träume verwirklichen, erschreckt uns. Dann ist die Versuchung am größten, die eigenen Bemühungen zu sabotieren.

In dieser Verfassung befand sich ein junger Mann namens Jeremy, den ich einst im Flugzeug kennenlernte. Ich arbeitete gerade an meinem Laptop, als Jeremy sich neben mich setzte und sich vorstellte. Als er mich fragte, an was ich arbeite, erzählte ich ihm, daß ich gerade dabei sei, ein Buch über die Verbindung zwischen Geist, Körper, Herz und Seele und die Heilkräfte von Inspiration und bedingungsloser Liebe zu schreiben. Er nickte mit dem Kopf, aber seine Augen blickten ins Leere, und während der nächsten halben Stunde sagte er nichts mehr. Erst als die Stewardess das Essen brachte, sprach er mich wieder an: „Also, ich kann nicht glauben, daß ich hier neben jemandem sitze, der ein Buch schreibt. Wissen Sie, wie lange ich schon ein Buch schreiben will? Wie kann ich vom Wunsch, ein Buch zu schreiben, und dem Reden darüber dahin gelangen, tatsächlich eins zu schreiben?" fragte er.

Ich erklärte Jeremy, daß der einzige Unterschied zwischen dem Wunsch, ein Buch zu schreiben, und dem tatsächlichen Schreiben darin besteht, aktive Schritte zu unternehmen. „Wenn ich anfange, an einem Buch zu arbeiten", sagte ich, „ist mir klar, daß das ein Prozeß ist, und ich weiß, daß das Buch sich im Laufe dieses Prozesses verändern wird." Jeremy bekam große Augen. „Sie fangen also einfach an. Sie schreiben einfach eine Seite nach der anderen, und einiges gefällt Ihnen, anderes nicht, und dann verändern Sie bestimmte Passagen – aber Sie schreiben einfach weiter, bis das Buch Ihren Vorstellungen entspricht!" „Ja", sagte ich, „das kommt im großen und ganzen hin." Jeremy schüttelte lächelnd den Kopf. „Sie haben keine Ahnung, wieviel mir das, was Sie gerade sagten, bedeutet! Jahrelang hatte ich Angst davor, ein einziges Wort in meinen Computer zu tippen, so als wäre es dann in Stein gemeißelt. Ein Buch schreiben ist eine Tätigkeit wie jede andere. Es muß nicht von Anfang an perfekt sein, nichts ist perfekt. Alles, was ich tue, befindet sich im Prozeß ... toll." Ich habe Jeremy seither nicht wiedergesehen, aber ich bin sicher, daß er seinem Ziel, ein Buch zu schreiben, nun viel näher ist.

Alles, was Ihnen unangenehm ist und was Sie nicht lieben, behindert Sie

> Nimm deine Furcht wahr, aber laß dich nicht davon aufhalten.
> *Anonym*

- Wenn Sie zulassen, daß etwas Unangenehmes Sie davon abhält, Ihrer Inspiration zu folgen, ziehen Sie seine Lektionen so lange in Ihr Leben, bis Sie sich damit konfrontieren und lernen, es zu lieben.
- Wenn Sie das vermeintliche Hindernis lieben lernen, verspüren Sie Dankbarkeit für die Lektion und die Erfahrung, die Sie damit machen konnten.
- Wenn Sie zulassen, daß sich die Dinge, die Ihnen unangenehm sind, zu Ängsten aufblasen, verlieren Sie Ihr Ziel aus den Augen und sehen nur noch die Hindernisse auf Ihrem Weg.
- Wenn Sie zulassen, daß Angst Ihre Entscheidungen bestimmt, fällt Ihr Selbstwertgefühl in den Keller.

Da Sie ein Mensch sind, werden Sie in Ihrem Leben mit Sicherheit mit Schwierigkeiten oder Unannehmlichkeiten konfrontiert. Das Gefühl des Unbehagens ist in Wirklichkeit jedoch ein wunderbares Geschenk. Es weist Sie unweigerlich auf einen Bereich oder eine Situation in Ihrem Leben hin, den oder die zu lieben Sie noch lernen müssen. Indem Sie die Botschaften einer Krankheit, die Sie anscheinend auf Ihrem Weg behindert, akzeptieren und lieben lernen, besiegen Sie Ihre Angst und kommen in Ihrer Entwicklung weiter. Sie können Ihre Ängste und Ihre Gefühle des Unbehagens als Sprossen einer Leiter betrachten, die bis zu Ihrem inspirierenden Traum reicht. Jedesmal, wenn Sie die nächste Sprosse erklimmen, lernen Sie etwas Neues lieben und kommen Ihrem Ziel einen Schritt näher.

In einer meiner *Prophecy*-Gruppen, die ich in Kalifornien abhielt, hatte ich das Vergnügen, einen außerordentlich begabten Mann namens Lee kennenzulernen. Er nahm an der Gruppe teil, um sich Klarheit über sein Lebensziel zu verschaffen und sich selbst besser verstehen zu lernen. Lee arbeitete im Filmgeschäft, aber eigentlich hätte er am liebsten sein eigenes Fotostudio eröffnet. „Ich habe diesen Traum seit über zehn Jahren", sagte er, „aber bisher habe ich nichts weiter getan, als davon zu träumen."

Ich half Lee, alle Ängste und Befürchtungen zu identifizieren, die er in bezug auf die Eröffnung eines eigenen Geschäftes hegte, und bald konnte er ein Muster erkennen, das sich auf zwei vorherrschende Ängste reduzierte. Er sagte: „Ich spreche nicht gern mit Menschen, die ich nicht kenne, und ich mache nicht gern Reklame für meine eigene Arbeit." Ich wußte, daß Lee in diesem Zusammenhang die Nachteile übertrieben darstellte und die Vorteile unverhältnismäßig reduzierte. Also bat ich ihn, für beide Ängste siebzig Vorteile und siebzig Nachteile zu notieren. Zuerst versuchte er, sich vor dieser harmonisierenden Übung zu drücken: „Ich kann Ihnen jetzt schon versichern, daß es in bezug auf diese beiden Dinge nicht annähernd siebzig Vorteile gibt." Ich schlug vor, daß alle Gruppenteilnehmer gemeinsam an Lees erster Angst arbeiteten – der Angst, mit Menschen zu sprechen, die er nicht kannte. Innerhalb von fünf Minuten standen zwanzig Vorteile an der Tafel, und Lee willigte ein, die Übung allein zu beenden. „Das ist unglaublich. Jetzt, wo ich mit den Vorteilen fertig bin, fällt es mir schwerer, die Spalte mit den Nachteilen zu füllen", sagte Lee zu mir, als ich nachsehen wollte, wie weit er gekommen war. Er begann ganz klar zu sehen, daß er seine Ängste unverhältnismäßig aufgebläht und mehr auf seine Furcht als auf sich selbst vertraut hatte. Als er die Übung beendet hatte, lachte er laut über einige der Dinge, die er aufgeschrieben hatte. „Ich kann nicht glauben, daß ich die Verwirklichung meines Lebenstraumes so lange aufgeschoben habe, nur weil ich glaubte, zuerst meine Ängste überwinden zu müssen", sagte er. „Jetzt sehe ich, daß da gar nicht soviel Furchterregendes ist."

Lee besitzt inzwischen ein florierendes Fotostudio und macht nicht nur selbst für sein Geschäft Reklame, sondern beschäftigt auch noch zwei Werbefachleute.

Selbstachtung ist eine Geisteshaltung

Was ein Mensch von sich denkt, bestimmt sein Schicksal oder – besser gesagt – weist auf es hin.
Henry David Thoreau

- Nichts und niemand kann Sie mehr erhöhen, als Sie selbst sich zu erhöhen bereit sind.
- Nichts und niemand kann Sie tiefer sinken lassen, als Sie selbst sich zu erniedrigen bereit sind.
- Niemand wird Sie mehr erhöhen als Sie sich selbst.
- Niemand wird Sie tiefer sinken lassen als Sie sich selbst.

Wenn andere Sie loben oder tadeln, so bringen diese Menschen damit nur zum Ausdruck, wie sie Ihr Handeln wahrnehmen oder welche Meinung sie darüber haben. Die Meinungen anderer über Sie können nur dann ein gutes oder schlechtes Gefühl in Ihnen hervorrufen, wenn sie sich mit Ihren eigenen Ansichten über sich selbst decken. Sie bestimmen, wie Sie sich fühlen, und Ihre Gefühle beruhen auf Ihren Werten. So wird beispielsweise in manchen Ländern bei einer Einladung zum Abendessen von den Gästen erwartet, daß sie pünktlich sind, also wird Pünktlichkeit als lobenswert betrachtet. In anderen Ländern gilt es dagegen als höflich, ein wenig später als zum vereinbarten Zeitpunkt einzutreffen, also gilt Pünktlichkeit dort als unschicklich und tadelnswert. Tatsache ist jedoch, daß weder Pünktlichkeit noch Unpünktlichkeit gut oder schlecht sind. Es ist einfach Pünktlichkeit oder Unpünktlichkeit. Sie werden nur dann gut oder schlecht, wenn man sie mit diesem Etikett versieht. Das Bestreben, gelobt zu werden und Tadel zu vermeiden, kann also zu einem endlosen Ablenkungsmanöver auf Ihrem Weg werden. Doch viele Menschen gehen so durchs Leben – ständig auf der Suche nach Lob und auf der Hut vor Tadel. Sie machen ihren eigenen Wert von der Meinung anderer Menschen abhängig. Diejenigen dagegen, die sich der Führung ihres Herzens und ihrer Seele anvertrauen, erkennen, daß sie zu ihrer eigenen Wahrheit stehen müssen, ganz gleich, was andere über sie denken.

Wahre Selbstachtung kommt von innen, und wenn Sie auf ein wirklich inspirierendes Ziel konzentriert sind, kann weder Lob noch Tadel Sie vom Weg abbringen. Mutter Theresa war ein Beispiel für einen in seiner Mitte ruhenden Menschen, der auf seinem Kurs bleibt, ob er nun gelobt oder geächtet wird. Sie schaffte es, erstaunliche Geldsummen für ihre wohltätigen Zwecke aufzutreiben, weil sie von ihrer Inspiration getragen wurde. Sie ließ nicht zu, daß Gefühle des Unbehagens ihrer Mission im Weg standen. Zurückweisung akzeptierte sie nicht. Sie lebte in der Gewißheit, daß ihre Gebete erhört werden – und so geschah es auch.

Vor etwa zwei Jahren nahm eine Frau namens Brenda am *Breakthrough*-Prozeß teil. Sie hatte Schwierigkeiten mit ihrer Chefin und versuchte seit etwa einem Jahr, eine neue Arbeitsstelle zu finden. Als ich sie fragte, welche Art von Arbeit sie denn suche, erwiderte sie: „Das ist mir gleich. Ich nehme, was ich kriege. Ich will nur weg von meiner Chefin. Sie ruiniert mein Leben. Jeden Abend fühle ich mich miserabel." Dann fügte sie hinzu: „Aber ich werde nicht einmal zu einem Vorstellungsgespräch eingeladen. Ich habe das Gefühl, daß ich nicht gut genug bin, um mit all den anderen Bewerberinnen konkurrieren zu können, und je mehr Absagen ich bekomme, desto weniger Lust habe ich, überhaupt noch eine Bewerbung zu schreiben."

Brenda hatte ein sehr niedriges Selbstwertgefühl. Sie machte sich von der Meinung anderer abhängig, statt an sich selbst zu glauben. Ich erklärte ihr, daß Selbstachtung eine Geisteshaltung ist. Sie könne die Meinungen anderer annehmen oder in sich hineinschauen, um die Wahrheit herauszufinden.

An diesem Abend erkannte Brenda, daß der Grundstein zu ihrer geringen Selbstachtung in ihrer frühen Kindheit gelegt worden war.

Als ich ein kleines Mädchen war, wollte ich unbedingt meinem Vater gefallen, aber was ich auch tat, stets sagte er, ich könne es noch besser. Vorhin wurde mir klar, daß ich mit meinen Kindern das gleiche mache. Letzte Woche kam meine Tochter Andrea mit vier Einsern und zwei Zweiern im Zeugnis nach Hause. Und anstatt ihr zu gratulieren, sagte ich: "Ich wußte, daß du es kannst, und ich wette, daß du lauter Einser haben kannst, wenn du dich noch ein bißchen mehr anstrengst."

Als Brenda erkannte, daß sie ihrer Tochter gegenüber ganz ähnliche Worte benutzte, wie sie ihr Vater ihr gegenüber benutzt hatte, begriff sie, daß ihre Gefühle des Nichtgenügens der kindlichen Wahrnehmung entsprangen, mit der sie die Worte ihres Vaters damals aufgenommen hatte. "Als ich Andreas Noten sah", sagte sie, "war ich ganz stolz, und ich wollte sie wissen lassen, daß ich absolut an ihre Fähigkeiten glaube. Jetzt kann ich sehen, daß mein Papa auch stolz auf mich war und an mich glaubte."

Die Wahrheit ist ...

Alles, was das Potential eines Menschen erweitert, was ihm zeigt, daß er etwas erreichen kann, was er nicht glaubte erreichen zu können, ist wertvoll.

Samuel Johnson

- Durch echte Bescheidenheit und Ehrlichkeit gegenüber sich selbst enthüllen Sie Ihr wahres Potential und bringen Ihre höchste Selbstachtung zum Ausdruck.
- Wenn Sie tun, was Sie lieben, und lieben, was Sie tun, bekommen Sie ein Gefühl für Ihren wahren Wert und ziehen magnetisch Menschen, Orte, Dinge, Ideen und Ereignisse an, die Ihnen bei der Erfüllung Ihres Lebenszwecks helfen können.
- Ihr wahrer Wert entspricht exakt Ihrer Dankbarkeit und bedingungslosen Liebe für das Leben.
- Alles, wofür Sie dankbar sind, heilt.

Gedanken ...

Nichts Vortreffliches kann ohne Risiko getan werden.
Michel Eyquen de Montaigne

1. Erinnern Sie sich an eine Situation, bei der Sie Ihre eigenen Bemühungen sabotierten, weil es Ihnen unangenehm war, den nächsten Schritt zu tun.
2. Denken Sie an eine Situation, in der Sie den nächsten Schritt machten, obwohl er Ihnen Unbehagen bereitete. Erinnern Sie sich an Ihr Erfolgserlebnis.
3. Schließen Sie die Augen und visualisieren Sie, wie Sie einen (vielleicht kleinen) aktiven Schritt (der Ihnen jetzt Unbehagen bereitet) in Richtung Ihres Zieles machen.
4. Alles, wofür Sie dankbar sind, wächst. Nehmen Sie sich einen Augenblick Zeit, um für die Selbstachtung zu danken, die Sie schon jetzt haben.

... verwirklichen

Hundert Prozent der Schüsse, die Sie nie abgeben, gehen ins Leere. *Anonym*

1. Notieren Sie alle Schritte in Richtung eines Ihrer Ziele, die Sie gern tun würden, obwohl sie Ihnen gegenwärtig Unbehagen bereiten.
2. Identifizieren Sie den Schritt, der Ihnen am meisten Unbehagen bereitet oder der die meisten Ängste und Spannungen in Ihnen auslöst.
3. Gehen Sie sich selbst gegenüber die Verpflichtung ein, innerhalb der nächsten sieben Tage den Schritt zu tun, der Ihnen am meisten Unbehagen bereitet. Betrachten Sie diese Verpflichtung wie eine, die Sie einem Freund gegenüber eingegangen sind.
4. Nehmen Sie sich etwas Schönes vor, um sich selbst dafür zu belohnen, daß Sie Ihre Verpflichtung eingehalten und den nächsten Schritt in Richtung Ihres Zieles gemacht haben.

Affirmationen

- Ich bin dankbar für alles, was ich bin, tue und habe.
- Ich bin dankbar für alles, was mir begegnet.
- Ich bin bereit, die Vorteile und Nachteile zu akzeptieren, die die Verwirklichung meiner Ziele mit sich bringt.
- Ich bin so viel wert, wie ich glaube wert zu sein, und niemand kann mich mehr erniedrigen oder erhöhen, als ich selbst mich erniedrigen oder erhöhen kann.
- Ich erfahre die heilende Kraft bedingungsloser Liebe, die keine Begrenzungen und Einschränkungen kennt.

9 | *Je klarer Ihr Ziel ist, desto effektiver werden Sie darauf hinarbeiten*

Wenn du von einem hohen Ziel, von einem außergewöhnlichen Projekt inspiriert bist, sprengt dein Denken seine Fesseln, dein Geist überschreitet Grenzen, dein Bewußtsein dehnt sich in alle Richtungen aus, und du findest dich in einer neuen, großartigen, wunderbaren Welt wieder. Schlummernde Kräfte, Fähigkeiten und Talente werden geweckt, und du entdeckst, daß du ein weit großartigerer Mensch bist, als du je zu träumen wagtest. *Patanjali*

Seit Anbeginn der dokumentierten Menschheitsgeschichte haben sich Menschen gefragt: *„Warum bin ich hier? Was ist meine Aufgabe?"* Sie können in der Außenwelt nach Antworten auf diese Fragen suchen, aber die inspirierendsten Antworten kommen von innen. Wenn Sie Ihrer inneren Stimme lauschen, können Sie den Ruf Ihres Lebens hören und erfahren, was Ihre Bestimmung ist. Und wenn Sie dann anfangen, diese Bestimmung zu erfüllen, erfahren Sie eine neue Ebene bedingungsloser Liebe und Dankbarkeit, eine neue Dimension der Gesundheit und werden inspiriert, Träume zu verwirklichen, deren Verwirklichung einst unmöglich schien.

Wie die Geschichte uns lehrt, haben die Menschen den größten Eindruck in der Welt hinterlassen, die auf ihre innere Stimme hörten und ihrer Vision folgten. Männer und Frauen wie Johanna von Orleans, Galileo Galilei, Isaac Newton, Marie Curie, Susan B. Antony und Albert Einstein folgten einem inneren Ruf und einer Vision. Diese inspirierten Menschen verfolgten ihre höchsten Ziele und wurden dafür belohnt, indem sie Erfüllung fanden und wertvolle Beiträge zur Weiterentwicklung der Menschheit leisten konnten. Wenn wir unser Leben unserer Berufung widmen, hinterläßt unser Wirken in der Welt einen bleibenden Eindruck.

Vielleicht haben Sie Ihren inneren Ruf noch nicht gehört und Ihren Lebenszweck noch nicht gefunden, aber ich versichere Ihnen, daß ein inspirierendes Lebensziel in Ihrem Herzen und in Ihrer Seele wohnt – ein so zutiefst erfüllendes Ziel, daß Sie von seinem Strahlen und seinem Wunder überwältigt wären, würde es Ihnen plötzlich auf einmal offenbart. Der innere Drang, den Sinn des eigenen Lebens in Frage zu stellen, entspringt dem Verlangen, den eigenen Lebenszweck zu entdecken und zu erfüllen. Je klarer und deutlicher sich dieses Ziel herauskristallisiert, desto mehr kommen Sie in Einklang mit den unbegrenzten Kräften des Universums. Wenn Sie sich auf eine klare Aufgabe konzentrieren, werden Sie von Ihrem Herzen so geführt, daß Sie weise handeln und von bedingungsloser Liebe getragen werden. Indem Sie sich Gedanken über Ihren Lebenszweck machen und Schritte zu seiner Erfüllung unternehmen, gelangen Sie auf eine höhere Ebene des Verstehens und empfinden mehr Liebe und Dankbarkeit für sich selbst, für andere und die Welt. Je mehr Sie sich auf die Mission Ihres Lebens einschwingen, desto sinnvoller wird Ihr Leben.

Ohne ein klares Ziel vor Augen kann ein Mensch vor- und zurückschwingen wie ein Pendel und in Gedanken, Gefühlen, Handeln und Nichthandeln von einem Extrem ins andere fallen. Das ist einer der Gründe, weshalb mich die Entwicklung des *Breakthrough*-Prozesses so begeisterte. Ich war so gesegnet, ein inspiriertes, sinnvolles Leben führen zu können, und wollte das, was ich gelernt und erfahren hatte, mit anderen Menschen teilen.

Ich erinnere mich an einen jungen Mann namens Greg, der vor etwa sieben Jahren an einer *Breakthrough*-Gruppe teilnahm. Er war damals dreiundvierzig Jahre alt, ledig, arbeitete in einer Fabrik und war sehr depressiv. Er erzählte, daß er sich seit Jahren fragte, ob das alles sei. „Ein Teil von mir denkt wirklich, daß es alles ist, aber dann sagt ein anderer Teil, irgendwo in meinem Hinterkopf, es muß noch mehr geben. Ich denke, ich bin hier, um das herauszufinden."

Irgendwann im Laufe der Woche erzählte Greg den anderen Gruppenteilnehmern, daß er sehr gern Klavier spielte. In der Halle vor unserem Gruppenraum stand ein Klavier, und in der Mittagspause spielte Greg den anderen ein schwieriges Klavierstück von Bach vor. Er war sehr begabt, aber was ihn unter all den anderen Pianisten, die ich bis dahin gehört hatte, hervorhob, war seine Liebe zur Musik und sein inspiriertes Spiel. Er war in der Tat einer der inspiriertesten Pianisten, die ich je gehört hatte.

Später, als Greg während einer Gruppensitzung an der Formulierung seines Lebenszieles arbeitete, schaute er mit Tränen in den Augen auf und sagte: „Meine Hand zittert. Ich kann nicht glauben, wie schwer es mir fällt, das aufzuschreiben." Ich schlug ihm vor, nach innen zu schauen und sein Herz zu fragen, was er wirklich gern tun würde, wozu er sich berufen fühlte. Er schaute mich an, blickte dann auf seine Hände und sagte: „Ich habe immer gedacht, Musik sei nur ein Hobby, aber jetzt begreife ich, daß sie ein Geschenk ist, eine Gabe, die ich mit anderen teilen soll." Sobald er sich erlaubt hatte, diese Worte auszusprechen, begann sich sein Lebensziel in seinem Herzen und seinem Geist herauszukristallisieren.

Greg verließ die Gruppe mit einem klaren Ziel und klar formulierten Schritten, die ihm helfen würden, seiner Inspiration zu folgen und seinen Lebenszweck zu erfüllen. Seither hat er schon oft vor einem dankbaren Publikum gespielt. Wenn er am Klavier sitzt, kann man aus jedem Klang, den er hervorzaubert, seine Liebe zur Musik und seine Dankbarkeit für seine Begabung heraushören. Sein inspiriertes Spiel berührt die Herzen aller, die ihm zuhören.

Ihr Lebenszweck geht weit über Ihre Ziele hinaus

Inspiration, Kreativität und Energie fließen dir zu,
wenn du dich auf das Unendliche einstimmst.
Paramahansa Yogananda

- Ihr Lebenszweck liegt dort, wo Ihr Herz Sie hinführt.
- Erfolge sind nicht Ihr Lebenzweck, sie sind nur die Sprossen der Leiter.
- Ihre Ziele sind Etappen auf dem Weg zu Ihrem wahren Lebenszweck.
- Erfolge sind vergänglich, bewegen Sie sich also unermüdlich auf ein übergeordnetes Ziel zu.

Ihr Lebenszweck reicht über Ihre Ziele und Erfolge weit hinaus, er reicht sogar über Ihr Leben hinaus. Er ist jene leuchtende Vision und ausgleichende innere Stimme, die mit Ihrem innersten Wesen schwingt. Ihr Lebenszweck ist eine Vision, die Ihr ganzes Leben durchzieht. Und selbst wenn Sie in diesem Leben nur einen Teil dieser Vision verwirklichen, wird die ganze Welt über Ihre offensichtliche Genialität erstaunt sein.

Die Ziele, die Sie auf dem Weg zur Erfüllung Ihres Lebenszwecks erreichen, sind die Sprossen der Leiter, die zu den Sternen führt. Das Erreichen eines jeden dieser Ziele ist immer mit Positivem und Negativem verbunden, doch je dankbarer Sie für alles sind, was Sie lernen und empfangen, desto begeisterter arbeiten Sie daran, die nächste Stufe zu erklimmen. Ich erinnere mich an eine Beratung, die ich drei jungen Unternehmern, Eigentümern einer Computer-Software-Firma gab. Sie konsultierten mich, weil sie spürten, daß sie ihre Vision im Hinblick auf ihre Firma bereits verwirklicht hatten und nicht wußten, wie sie nun weitermachen sollten. Sie verloren ihr Interesse an den täglichen Routinearbeiten, und ihre Profite waren niedriger als je zuvor während der vergangenen zwölf Jahre. Im Laufe des Gesprächs stellte ich fest, daß das, was sie als ihre Vision bezeichneten, in Wirklichkeit nur ein Langzeitziel gewesen war, das sie sich bei der Gründung ihrer Firma gesetzt hatten. Dieses Ziel hatte darin bestanden, eine Firma mit Millionenumsätzen aufzubauen. Nun, da sie diesen Meilenstein erreicht hatten, dachten sie, sie hätten auch alle Möglichkeiten ausgeschöpft, die ihre Firma bot.

Wir arbeiteten gemeinsam an der Formulierung einer inspirierenden Vision, und als wir damit fertig waren, erkannten die drei, daß das Erreichen von Millionenumsätzen nur der erste Schritt zur Gründung einer weltumspannenden Firma war. Doch über dieses nächste Ziel hinaus definierten sie den übergeordneten Zweck ihrer Firma: Sie wollten ein Software-Anbieter sein, der sich ständig auf neu auftauchende Bedürfnisse in der Computerwelt einstellte und diese Bedürfnisse erfüllte, ganz gleich, ob sie erfüllbar schienen oder nicht. Sobald sie eine Vision hatten, die über sie selbst hinausreichte, und an der Erfüllung einer Mission arbeiten konnten, kehrte ihre Begeisterung zurück und motivierte sie zum Handeln. Nun mangelte es Ihnen nicht mehr an kreativen Einfällen.

Widmen Sie Ihr Leben Ihrem Daseinszweck

> Inneres Engagement öffnet die Pforten der Vorstellungskraft und schenkt uns Visionen und die nötigen Mittel, um unsere Träume Wirklichkeit werden zu lassen.
> *James Womack*

- Wenn Sie Ihr Leben Ihrem Daseinszweck widmen, beginnt das Universum, Sie unmittelbar zu unterstützen und zu belohnen.
- Sie werden auf Ihrer Reise geführt, wenn Sie immer wieder auf Ihre innere Stimme hören und sich auf Ihre Vision konzentrieren.

- Wenn Sie sich auf Ihr Lebensziel einstimmen und konzentrieren, entwickeln Sie ein klares inneres Bild Ihres Erfolges.
- Wenn Sie in Kontakt mit Ihrem Daseinszweck sind, verbinden sich alle Körperzellen zu einem Erfolgsteam, das Sie bei der Erfüllung Ihrer Mission unterstützt und mit Gesundheit und Vitalität belohnt.

Wenn Sie Ihr Leben einem inspirierenden Ziel widmen, bekommt alles mehr Sinn, und Sie erleben die ganze Fülle, die das Leben für Sie bereithält. Wenn Ihre Inspirationen jedoch unbeachtet bleiben, kann das Leben zu einer ziellosen Wanderung durch die Wüste Ihrer Sinne werden, bei der Sie auf äußere Umstände reagieren, als seien Sie diesen auf Gedeih und Verderb ausgeliefert. Fragen wie *Ist das alles, was ich vom Leben zu erwarten habe?* und *Warum habe ich das Gefühl, daß in meinem Leben irgend etwas fehlt?* sind der perfekte Antrieb für die Suche nach Ihrer Berufung oder Lebensaufgabe. Haben Sie Ihre einzigartige Mission erst einmal entdeckt und sich entschlossen, sie definitiv zu erfüllen, sind Sie auf dem besten Weg, das Leben zu führen, das Sie sich schon immer gewünscht haben. Es ist ein physikalisches Gesetz, daß sich alles, was seinen ursprünglichen Zweck nicht erfüllt, selbst zerstört. Das ist die Methode des Universums, Energie zu „recyceln". Und das trifft auch auf Menschen zu. Wenn wir unsere Inspirationen nicht aufgreifen und unsere Mission nicht erfüllen, stürzen wir in Verzweiflung und richten in unserem Geist und Körper ein Chaos an. Diese Konsequenzen sind keine Bestrafung, sondern einfach die Auswirkungen unserer Weigerung, unsere Begabungen zu nutzen oder zu tun, was wir lieben. Es sind Botschaften, die uns wissen lassen, daß wir geistig vom Kurs abgekommen sind.

Ich erinnere mich an eine Frau namens Michelle, die mich vor ungefähr zehn Jahren konsultierte. Sie hatte als Assistentin bei einem Förderprogramm für erwachsene Analphabeten mitgearbeitet, wäre aber eigentlich gern selbst eine der

Lehrerinnen gewesen. „Ich lese sehr gern und weiß, daß ich anderen helfen kann, es zu lernen. Wenn ich sehe und höre, wie die anderen Lehrerinnen den Lehrstoff vermitteln, weiß ich, daß ich das auch kann. Außerdem habe ich noch ein paar eigene Ideen", sagte sie lächelnd. Ich fragte Michelle, was sie daran hinderte, ihrer inneren Berufung zu folgen. Sie erklärte mir, daß sie im letzten Schuljahr schwanger geworden sei und deshalb ihren Schulabschluß nicht gemacht habe. So hatte sie ihre Vision, Lehrerin zu werden, aus den Augen verloren, und war inzwischen überzeugt, daß es zu spät sei, diesen Traum zu verwirklichen. „Michelle", fragte ich, „wie alt beabsichtigen Sie zu werden?" Sie warf mir einen skeptischen Blick zu, denn meine Frage überraschte sie ein wenig, und antwortete dann: „Nun, ich bin erst einunddreißig. Ich hoffe, noch mindestens fünfzig Jahre zu leben." „In Ordnung", sagte ich, „wie lange würden Sie brauchen, um eine Externen-Prüfung abzulegen?" „Bis zum Ende des Jahres könnte ich wahrscheinlich so weit sein", erwiderte sie. „Also ein Jahr. Dazu kommen weitere vier für das Lehramtsstudium." Sie nickte. „Also", sagte ich, „nach meiner Rechnung bleiben Ihnen noch fünfundvierzig Jahre zum Lehren." Nach dieser Sitzung trafen wir uns noch einmal, um gemeinsam einen Aktionsplan aufzustellen. Nachdem sie sich innerlich mit Ihrem Ziel verbunden hatte und von ihrer Berufung inspiriert war, konnte sie nichts mehr aufhalten. Heute ist sie ausgebildete Lehrerin.

Die Wahrheit ist ...

Jede Berufung ist erhaben, wenn man ihr auf erhabene Weise folgt.   *Oliver Wendell Holmes Jr.*

• Wenn es Ihre oberste Priorität ist, der Führung Ihres Herzens zu folgen, hören Sie die Stimme Ihrer inneren Weisheit.

- Ihr inspirierendes Lebensziel durchdringt all Ihre Körperzellen mit Liebe und gibt Ihnen die Kraft zu mutigem Handeln, welches zum Erfolg führt.
- Ein klares Ziel ist einer der besten Wege zu guter Gesundheit.
- Wenn Sie Ihr Leben Ihrer Berufung widmen, hinterläßt Ihr Wirken in der Welt einen bleibenden Eindruck.

Gedanken ...

Der Sinn des Lebens ist ein sinnerfülltes Leben.
Robert Byrne

Die folgende Übung hilft Ihnen, mit Ihrer inneren Stimme in Kontakt zu kommen. Nehmen Sie sich, wenn Sie sie zum ersten Mal machen, mindestens zwanzig Minuten Zeit dafür. (Vielleicht möchten Sie die Übung noch ein paarmal wiederholen. Sie werden sich jedesmal an mehr Einzelheiten erinnern und neue Erkenntnisse gewinnen.) Lesen Sie alle Anweisungen genau durch, bevor Sie anfangen.

Setzen Sie sich in einen bequemen Sessel, die Füße flach auf dem Boden, die Arme entspannt.

Kontrollieren Sie Ihre Atmung, indem Sie fünf bis zehn Sekunden lang einatmen und dann genauso lang ausatmen. (Wählen Sie für das Ein- und Ausatmen eine Zeitspanne, die sich für Sie gut anfühlt und Ihrem natürlichen Empfinden entspricht.) Atmen Sie weiter in diesem gleichmäßigen Rhythmus. Schließen Sie nun die Augen.

Stellen Sie sich mit geschlossenen Augen vor, wie Sie in ein Kino gehen. Sie sehen vor sich eine sehr große Leinwand, und da Sie die einzige Person im Kino sind, können Sie sich jeden beliebigen Sitzplatz auswählen.

Nachdem Sie sich bequem hingesetzt haben, drücken Sie den Startknopf, der sich an der Armlehne Ihres Sessels befin-

det. Jetzt beginnt auf der Leinwand Ihr Lebensfilm abzulaufen, beginnend beim frühesten Zeitpunkt, an den Sie sich erinnern können. Lehnen Sie sich zurück und genießen Sie diesen Rückblick auf Ihr Leben. Achten Sie besonders auf die Szenen, die Ihnen ein Lächeln entlocken.
Lachen und weinen Sie vor Freude. Lassen Sie sich inspirieren. Ihr Lebensfilm läuft bis zum gegenwärtigen Moment ab. Danken Sie, bevor Sie die Augen öffnen, sich selbst und allen Menschen, die in Ihrem Leben eine Rolle gespielt haben und noch spielen. Vergessen Sie auch nicht, für alles zu danken, was Sie sind, tun und haben.

... verwirklichen

Wenn wir Großes erreichen wollen, müssen wir leben, als würden wir niemals sterben.
Luc de Clapiers de Vauvenargues

Bringen Sie nun Ihren Lebenszweck, Ihr Lebensziel zu Papier. Schreiben Sie auf, wozu Sie sich im Innersten berufen fühlen:
Ich, ... , erkäre hiermit vor mir selbst und anderen, daß mein wichtigstes Lebensziel in folgender Aufgabe besteht: ...
Dafür werde ich folgendes tun: ...
Damit ich folgendes erreichen oder haben werde: ...
Unterschrift: ...

Lesen Sie diese Erklärung täglich durch. Tragen Sie sie bei sich und ändern Sie sie, falls nötig, ab. Arbeiten Sie daran, bis sie zum Meisterstück Ihres Lebens wird. Diese Erklärung soll zu Ihrem übergeordneten Lebensplan werden. Lauschen Sie aufmerksam in sich hinein, hören Sie auf Ihr Herz. Es wird Ihnen Ihre Lebensaufgabe offenbaren, die Sie in Ihrem tiefsten Innern bereits kennen.

Affirmationen

- Ich widme mein Leben meinem inspirierenden Lebensziel. Durch mein Wirken hinterlasse ich der Welt etwas von Dauer.
- Mein Herz und meine Seele führen mich. Sie helfen mir, weise zu handeln, und inspirieren mich mit bedingungsloser Liebe.
- Ich bin dankbar für alles, was ich bin, tue und habe.
- Ich erfülle die Aufgabe, zu der ich mich inspiriert fühle. Jede Zelle meines Körpers heilt und nimmt an dieser Reise zur bedingungslosen Liebe teil.

10 | *Sie werden nie
vor ein Problem gestellt,
das Sie nicht lösen können*

Ein Problem gibt dir Gelegenheit, dein Bestes zu tun.
Duke Ellington

Jede Wolke hat einen Silberstreifen. Ihn zu suchen ist eine der zuverlässigsten Methoden, ein scheinbares Problem in einen Segen zu verwandeln. Echte Weisheit zeigt sich in der Fähigkeit, in jeder Herausforderung, Situation, Krankheit oder Krise gleich viel Positives wie Negatives zu erkennen, das Glück im Unglück zu sehen. Der Silberstreif ist immer so hell, wie die Wolke dunkel ist. Und wenn wir ihn leuchten sehen, sind wir dankbar für das Geschenk, das wir von dieser Herausforderung erhalten.

Wenn das Leben ruhig und reibungslos dahinplätschert, halten wir uns das gern zugute und tun so, als wären die vielen Gelegenheiten, die es uns bietet, unser Verdienst. Stoßen wir aber auf ein Hindernis oder auf etwas, das wie ein Problem aussieht, neigen wir dazu, die Ursachen dafür in der Außenwelt zu suchen. Schauen wir allerdings etwas genauer hin, entdecken wir, daß das, was zunächst wie ein Problem aussah, in Wirklichkeit eine Chance ist. Aber damit wir sie erkennen können, müssen wir uns auf eine höhere Ebene begeben, „das Problem" von einer höheren Warte aus betrachten. Indem wir lernen, die Verantwortung für unsere Gedanken und Gefühle in bezug auf unsere täglichen Erfahrungen zu übernehmen, öffnen wir uns für die Führung durch unser Herz.

Wir werden nie vor ein sogenanntes Problem gestellt, das wir nicht lösen können – allein oder mit der Hilfe anderer. Ein wohlgeordnetes Universum stellt keinem Kind, das noch mit Addition und Subtraktion zu kämpfen hat, eine schwierige Mathematik-Aufgabe. Uns werden nur solche Herausforderungen beschert, auf die wir vorbereitet sind. Es ist also eigentlich eine Ehre, vor eine komplexe Herausforderung gestellt zu werden. Dann haben wir Gelegenheit zu zeigen, daß wir fähig sind, den Silberstreif zu sehen und noch mehr Segnungen und Liebe zu empfangen. Wenn in unserem Leben Probleme auftauchen, kommt es uns zugute zu wissen, daß sie einen Sinn haben und einem bestimmten Zweck dienen. Sie sind gespickt mit Informationen und Hinweisen auf das, was wir eigentlich am liebsten tun würden.

Vor drei oder vier Jahren erhielt ich einen Anruf von einer meiner Schülerinnen. Carol, die als Geschäftsführerin im Einzelhandel tätig war, erzählte mir, sie sei gerade entlassen worden. Sie war so in ihre Gefühle verstrickt, daß sie kaum etwas anderes als ihre Verzweiflung sehen konnte. Ich fragte sie, ob sie ihre Arbeit als Erfüllung empfunden habe. „Nein, eigentlich nicht", sagte sie. „Mir war schon immer klar, daß ich am liebsten als Kostümausstatterin am Broadway arbeiten würde, aber es dauert lange, bis man dort ins Geschäft kommt. Ich hatte einen guten Job im Verkauf und ich hoffte, ihn so lange halten zu können, bis ich bereit wäre weiterzugehen."

Ich fragte sie, auf welche Weise ihre Arbeit ihr geholfen habe, ihren Zielen näherzukommen, und sie erwiderte, daß sie an ihrer Arbeitsstelle viel über Bekleidungstrends und -stile gelernt hatte. Aber sie bedauerte auch, daß ihre Fähigkeiten als Schneiderin brachlagen, und fügte hinzu, daß sie gern mehr über historische Bekleidungsstile lernen würde. „Carol", fragte ich, „gibt der Verlust Ihrer Arbeitsstelle Ihnen Gelegenheit, das zu tun?" Zum ersten Mal bekam ihre Stimme einen anderen Klang: „Oh, das ist vielleicht *die* Gelegenheit!" Sie begann eine Reihe von Jobs aufzuzählen, in denen sie mehr Erfahrung und Wissen über historische Bekleidung sammeln konnte. Außerdem beschloß sie, ihre Suche nach einer neuen Arbeitsstelle auf den New Yorker Raum zu konzentrieren, um näher am Broadway zu sein. Was noch vor ein paar Minuten wie ein echtes Problem und eine große Enttäuschung ausgesehen hatte, verwandelte sich plötzlich in eine großartige Chance. Carol nahm sich vor, einen „Schlachtplan" zu entwerfen und innerhalb von drei Tagen aktive Schritte zu unternehmen.

Etwa drei Monate nach unserem Gespräch teilte sie mir in einem kurzen Brief mit, daß sie gerade eine Stelle in der Abteilung „Historische Textilien und Kostüme" eines berühmten Museums nicht weit von Manhattan angetreten hatte.

Jedes Problem ist eine Gelegenheit zu lernen

Probleme sind Botschaften. *Shakti Gawain*

- Probleme sind da, um Ihnen bei Ihrem Wachstum und Ihrer Weiterentwicklung zu helfen.
- Alles, wovon Sie nicht beide Seiten sehen können, beherrscht Ihr Leben.
- Sie haben immer mindestens vier Wahlmöglichkeiten – dies, das, beides und weder noch.
- Wenn Sie dankbar sind für das, was ist, wenn es ist, verwandelt sich jedes scheinbare Problem in ein Ereignis, das Sie bedingungslos annehmen und lieben können.
- Wenn Sie auf Ihrer Lebensreise die Herausforderungen annehmen, vor die schwierige Erfahrungen Sie stellen, wird Liebe Ihre Ängste auflösen und Sie stärker machen.

Ihre Erfahrungen sind Prüfungen auf Ihrem Entwicklungsweg, und jede Lektion gibt Ihnen aufs neue Gelegenheit, zu lernen und bedingungslose Liebe zu erfahren. Wenn Ihr Verstand die Herausforderung jedoch unnötig aufbläst, wird die Situation Sie beherrschen und nicht umgekehrt. Probleme sind in Wirklichkeit Geschenke. Sie geben Ihnen Gelegenheit, sich aus der Dunkelheit und Schwere der Angst in die Helligkeit und Leichtigkeit der Liebe zu bewegen. Sobald Sie begriffen haben, daß Ihr Herz Sie zu allem führt, was Sie brauchen, um das Problem zu lösen, wissen Sie, daß es in Wirklichkeit gar keine Probleme gibt – nur Gelegenheiten, eine weitere Lektion in Liebe zu erhalten.

Kürzlich bekam ich einen Dankesbrief von Susan, die mich vor einigen Monaten zusammen mit Ihrem Mann konsultiert hatte. Ihr Brief zeigte deutlich, daß sie erkannt hatte, auf welche Weise sich ihr Eheproblem in ein Geschenk verwandelt hatte. Sie schrieb:

Mein Lebenstraum zerplatzte wie eine Seifenblase, als ich eines Morgens erfuhr, daß mein Mann eine Affäre gehabt hatte, während ich mit unserem fünften Kind schwanger war. Ich hatte in einer Illusion gelebt – als glücklich verheiratete Frau mit Mann und fünf wunderbaren Kindern in einem wunderschönen Landhaus. Ich hatte mir vorgemacht, daß ich das Märchen lebte, von dem jedes kleine Mädchen träumt. (Unterschwellig wußte ich jedoch, daß seit der Geburt unseres zweiten Kindes in unserer Ehe nicht mehr alles stimmte.) Aber ich war am Boden zerstört, als ich von der Affäre meines Mannes erfuhr. Es war, als würde mir alles, was bis dahin einen Sinn für mich gehabt hatte, unter den Füßen weggezogen, als sei jedes Versprechen und jeder Schwur gebrochen worden, als sei jede Wahrheit falsch, an die ich je geglaubt hatte, als sei mein ganzes Leben eine einzige große Lüge gewesen.

Susan schrieb weiter, daß die Entdeckung der Liebesaffäre ihres Mannes genau der Schlag gewesen war, den sie gebraucht hatte, um aus ihrer selbstgeschaffenen Illusion aufzuwachen.

Jetzt, nachdem wir bei Ihnen mit dem Collapse-Prozeß gearbeitet haben, bin ich wirklich dankbar für diese Affäre. Ich bin immer noch verheiratet und kann jetzt die guten Seiten an ihm, an mir und an unserer Beziehung sehen. Ich begreife, daß es eine Lektion war, die ich zu lernen hatte, und finde gar nicht genug Worte, um meine Dank-

barkeit dafür auszudrücken, daß mein Mann mich mit meiner Illusion konfrontiert hat. Mit Hilfe des Collapse-Prozesses gelang es mir, die in allem verborgene Vollkommenheit zu sehen. Er ist wirklich ein wunderbares Geschenk. Danke!

Das größte Wachstum findet an der Grenze zwischen Ordnung und Chaos statt

> Wisse, daß jede Seele sich ständig selbst begegnet. Man kann vor keinem Problem davonlaufen. Stelle dich ihm heute.
> *Edgar Cayce*

- Es ist unmöglich aufzubauen, ohne zu zerstören, und ebenso unmöglich zu zerstören, ohne aufzubauen.
- Sie haben die Fähigkeit, Chaos in Ordnung zu verwandeln und von jedem Problem zu profitieren.
- Wenn Sie über Ihre Illusion des Ungleichgewichts hinausgehen können, erkennen Sie einen übergeordneten Plan und eine höhere Ordnung.
- Wenn Sie das Gute an Ihrem Problem und die darin verborgenen Lektionen entdecken können, entfaltet sich Ihr inneres Wissen.

Probleme können wunderbare Transformationshilfen sein, und jede Prüfung ist ein potentielles Sprungbrett zu etwas Größerem. Wenn wir die darin verborgenen Lektionen der Liebe lernen, gehen wir weiter zur nächsten Lektion, die uns normalerweise vor eine noch größere Herausforderung stellt, uns aber auch noch größere Belohnungen beschert. Es ist wie in der Schule: Jede Versetzung in die nächsthöhere Klasse stellt uns vor neue Herausforderungen, hält aber auch größere Belohnungen bereit, und am Ende winkt das Diplom. Kluge Schüler des Lebens heißen scheinbar schwierige Erfahrungen willkommen, weil jedes Hindernis unser Wachstum fördert. Und dieses Wachstum bringt größere Einflußmöglichkeiten, mehr Verantwortung und größere Belohnungen mit sich.

Wir entdecken allmählich durch Erfahrungen, wer wir sind. Im nachhinein erkennen wir, daß viele unserer größten Probleme zu Zeiten auftauchten, in denen wir die größten Bewußtseinsschritte machten. Das gilt nicht nur für Einzelpersonen, sondern auch für Organisationen, Firmen, Länder, die ganze Welt. Wenn wir uns auf der individuellen oder kollektiven Ebene an der Grenze zwischen Ordnung und Chaos wiederfinden, kommen wir in ein Gleichgewicht, in dem wir das größtmögliche Wachstum erleben.

Vor Jahren nahm ein Mann namens Tom am *Breakthrough*-Prozeß teil. Toms Haus und nahezu alles andere, was er besessen hatte, war bei einem Erdbeben in San Francisco zerstört worden. Da er sehr gut versichert gewesen war, hatte er keine finanziellen Probleme, aber der Verlust so vieler Erinnerungsstücke, so vieler persönlicher Dinge, die ihm etwas bedeutet hatten, hatte ihn tief erschüttert. Er sagte, in gewisser Weise fühle er sich, als ob er eine Identitätskrise durchmache: „Mein Leben ist plötzlich gleichzeitig so kompliziert und so einfach. Es fühlt sich seltsam an, überhaupt nichts zu besitzen. Ich habe schon immer viele Dinge besessen, schon als Kind, und es ist wirklich ein ganz komisches Gefühl, nur noch ein paar Taschen mit Kleidern, eine Lampe und einen Briefkasten zu haben." Tom schwieg eine Weile und fügte dann hinzu: „Andererseits ist es irgendwie auch eine Erleichterung, nichts zu besitzen. Das einzige, wofür ich jetzt verantwortlich bin, bin ich selbst!"

Im Laufe des zwei Tage dauernden Programms gelang es Tom, viele seiner Gefühle zu klären. Er entdeckte weitere positive Aspekte an der Zerstörung seines Hauses und begann, sein Leben neu zu planen – so, wie er wirklich leben wollte. Er beschloß, ein kleines Strandhaus in Südkalifornien und ein Stadthaus in Boston, in der Nähe seiner Kinder und Enkelkinder zu kaufen. Außerdem nahm er sich vor, Yoga-

Unterricht zu nehmen und regelmäßig zu joggen. Am Ende des Seminars dankte Tom allen Teilnehmer dafür, daß sie so viel mit ihm geteilt hatten. „Ich hätte nie gedacht, daß ich so etwas je sagen würde, aber ich bin aufrichtig dankbar für das Erdbeben", sagte er. „Es hat mich durchgeschüttelt, damit ich aufwachen und mich an das erinnern konnte, was wirklich wichtig ist. Ich bin dreiundsechzig Jahre alt und denke, das ist die richtige Zeit, um mein Leben neu zu ordnen und mehr Zeit mit meiner Familie zu verbringen und mit den Menschen, die ich liebe."

Die Wahrheit ist ...

Jedes Problem ist wie eine Hürde in einem
Springturnier. Wenn du darauf zureitest und dein
Herz hinüberwirfst, wird das Pferd ebenfalls springen.
Lawrence Bixby

• Das Universum balanciert alle Erfahrungen aus. Ihre Lebenserfahrungen sollen Ihnen helfen, in Ihrer Entwicklung voranzuschreiten und Sie dankbar machen für das, was ist, wenn es ist, damit Sie lernen, es zu lieben. Sie werden niemals mit einem Problem konfrontiert, das Sie nicht lösen und lieben lernen können – allein oder mit der Hilfe anderer.
• Wenn Sie ein Problem von einer höheren Warte aus betrachten, können Sie die Lösung dafür leichter erkennen.
• Es gibt in Wirklichkeit gar keine Probleme – nur Gelegenheiten, eine weitere Lektion in Liebe zu lernen.

Gedanken ...

Wenn ich an der Lösung eines Problems arbeite, denke ich nie über Schönheit nach ... Aber wenn ich es geschafft habe und die Lösung nicht schön ist, weiß ich, daß sie falsch ist.   *R. Buckminster Fuller*

1. Erinnern Sie sich an eine Situation, die zunächst ein großes Problem zu sein schien, sich aber schließlich als Glück im Unglück entpuppte.
2. Erinnern Sie sich an eine Situation, in der Sie mit Hilfe anderer ein Problem erfolgreich lösen konnten.
3. Erinnern Sie sich an Ihre letzte traumatische Erfahrung.
4. Denken Sie an mindestens drei Wachstumsschritte, die Sie aufgrund der obengenannten Situation gemacht haben.

... verwirklichen

Nicht immer kann man ein Problem dadurch überwinden, daß man es frontal angeht oder hartnäckig daran arbeitet. Manchmal muß man sich zunächst einer anderen Sache zuwenden. Manchen Problemen und manchen Menschen muß man sich „von der Seite" nähern.   *André Gide*

1. Fassen Sie schriftlich eine vergangene Situation zusammen, die Ihnen zum Zeitpunkt des Geschehens als großes Problem oder Drama erschien.
2. Zählen Sie fünf positive Auswirkungen des oben beschriebenen Problems auf. Schreiben Sie auf, wie es Ihnen half, zu wachsen und sich weiterzuentwickeln.
3. Beschreiben Sie eine Situation, die Ihnen gegenwärtig als Problem erscheint.
4. Schreiben Sie fünf Möglichkeiten auf, wie Sie von diesem sogenannten Problem profitieren können.

Affirmationen

- Wenn ich mit etwas konfrontiert werde, das wie ein Problem aussieht, öffne ich mein Herz für die innere Stille.
- Indem ich die Verantwortung für meine täglichen Erfahrungen übernehme, öffne ich mein Herz und meinen Geist für die Führung durch meine innere Stimme.
- Ich bin ein wunderbares und schönes Wesen.
- Meine gesundheitlichen Probleme fordern mich auf, lieben zu lernen. Ich habe alles, was ich brauche, um heil und gesund zu werden.

11 | *Das Geheimnis vitaler Menschen heißt Inspiration*

> Und Gott der Herr machte den Menschen aus einem Erdenkloß, und er blies ihm ein den lebendigen Odem in seine Nase. Und also ward der Mensch eine lebendige Seele.
>
> *Genesis 2, 7*

Inspiration ist der Atem des Lebens, von dem unser physisches, mentales und spirituelles Wohlergehen abhängt. Vom ersten inspirierenden Atemzug, den Sie auf dieser Welt tun, ist Ihr Körper auf den Atem angewiesen, um am Leben zu bleiben, und vom ersten bewußten Gedanken an ist Ihr Geist auf die Inspiration Ihres Herzens und Ihrer Seele angewiesen, um Sie zum Handeln zu bewegen.

Ihre Vitalität spiegelt den Grad Ihrer Inspiration, so wie Ihre physische Atmung Ihren mentalen Zustand widerspiegelt. Langes Ausatmen und kurzes Einatmen weist auf einen depressiven Zustand hin. Atmen Sie dagegen lange ein und nur kurz aus, befinden Sie sich im Zustand erhöhter Erregung. Sind die Atemzüge beim Ein- und Ausatmen etwa gleich lang, sind Sie ausgeglichen, zentriert, befinden sich in einem Zustand der Dankbarkeit und bedingungslosen Liebe.

Eines Tages erhielt ich einen Anruf von Kathy, einer meiner Schülerinnen, die eine depressive Phase durchmachte, aber nicht genau wußte, was ihre Depression ausgelöst hatte. Ich fragte sie, wann sie begonnen hatte, sich depressiv zu fühlen, und sie erzählte mir, daß es etwa zwei Wochen vor ihrem Anruf angefangen hatte. Daraufhin fragte ich sie, was zu diesem Zeitpunkt in ihrem Leben geschehen war, und sie erwiderte, beruflich sei alles bestens, ihre Kinder verhielten sich großartig und sie und ihr Mann, beide Gymnasiallehrer, würden gerade die Sommerferien genießen. Sie fuhr fort:

„Abgesehen davon, daß ich zur Zeit nicht joggen kann, ist alles in bester Ordnung." Kathy erklärte mir, daß sie sich vor ein paar Wochen den Fußknöchel verletzt hatte und nicht wie sonst täglich sieben oder acht Kilometer joggen konnte. Sie wußte, daß ihre Depression etwas mit ihrem Bewegungsmangel zu tun hatte, erkannte aber nicht, daß dieser Mangel an ausgeglichener aerober Atmung sogar die Hauptursache war. Ich erklärte ihr, daß sie, wenn sie täglich sieben oder acht Kilometer rannte, wahrscheinlich fast eine Stunde pro Tag völlig ausgeglichen atmete. Also schlug ich ihr vor, bis zur Wiederherstellung ihres Fußknöchels zweimal täglich im Sitzen oder Liegen fünfzehn Minuten lang ausgeglichenes oder rhythmisches Atmen zu üben. Ich empfahl ihr auch, aufbauende Bücher und Artikel zu lesen, zu schauen, auf welche Weise sie von ihrer Verletzung profitierte, und dankbar dafür zu sein.

Noch bevor zwei Wochen vorüber waren, rief Kathy erneut an, um mir zu sagen, daß die Atemübungen ausgezeichnet funktionierten: „Ich bin wieder voller Energie, außerdem scheinen die Atemsitzungen dazu beizutragen, daß mein Knöchel schneller heilt."

Dankbarkeit öffnet Ihr Herz für die Inspiration

> Wenn Sie nicht alles haben, was Sie wollen, sollten Sie dankbar sein für alles Unerwünschte, das Sie nicht haben.
> *Anonym*

- Indem Sie sich selbst und anderen danken, öffnen Sie Ihr Herz für die Inspiration.
- Tägliche Meditationen und Atemübungen bringen Sie auf eine höhere Schwingungs- und Energieebene.
- Sie verfügen über unbegrenzte Energie und Vitalität, wenn Sie ihren Ursprung erkennen und würdigen: ein dankbares Herz.

- Sie können jederzeit inspirierende Botschaften empfangen. Seien Sie einfach aufrichtig dankbar und „hören Sie mit dem Herzen".

Wenn Sie dankbar sind, sind Sie in Ihrer Mitte und Ihnen ist buchstäblich „leicht ums Herz". In diesen Momenten ist Ihr Herz offen, und Sie sind empfänglich für – oder eingestimmt auf – die Botschaften Ihres Herzens und Ihrer Seele. Deshalb ist Dankbarkeit so wichtig. Sie ist die Pforte zu Inspiration und bedingungsloser Liebe!

Als ich ein kleiner Junge war, sagten meine Eltern oft zu mir: „Zähle die guten Dinge in deinem Leben, mein Sohn." Damals erkannte ich noch nicht, wieviel Weisheit in ihren Worten steckte. Ich wußte, daß sie mir sagen wollten, ich solle dankbar sein für alles, was ich hatte – aber ich wußte nicht, warum. Auf keinen Fall war mir klar, daß das, wofür ich dankbar war, wachsen würde. Doch als ich älter wurde und allmählich erkannte und erfuhr, welche Kraft hinter dem Gefühl der Dankbarkeit steckt, begann ich zu ermessen, was für ein Geschenk meine Eltern mir gemacht hatten. Heute zähle ich täglich morgens nach dem Aufwachen und abends vor dem Schlafengehen die guten Dinge in meinem Leben und höre auf die Weisheit meines Herzens.

Ihre Gedanken folgen Ihrem Atem

> Weisheit ist keine Weisheit, wenn sie nur aus Büchern stammt. *Horaz*

- Wenn Sie entspannt und rhythmisch atmen, ist Ihr Denken ruhig und klar.
- Eine ausgeglichene Atmung verleiht Kraft und Vitalität und bringt Ihren Körper in ein der Heilung förderliches Gleichgewicht.

- Atemkontrolle reduziert das „Rauschen" im Gehirn und führt zu innerem Frieden und Gelassenheit.
- Der Sauerstoff, den Sie einatmen, versorgt Ihre Zellen mit Energie für eine optimale Leistungs- und Heilungskapazität.

Der Schlüssel zur Meisterschaft über unsere Geisteskräfte und zur Erhöhung unserer Vitalität und Empfänglichkeit liegt in der Meisterung des Atems. Tiefes, rhythmisches Atmen schenkt Ihnen Gesundheit und Wohlbefinden. Obwohl es nicht möglich oder notwendig ist, die Lungenflügel bei jedem Atemzug vollkommen auszudehnen, ist ein vollständiger Atemzug eine „Inspiration". Praktizieren Sie in regelmäßigen Abständen die vollständige rhythmische Atmung, um Ihre Lunge soweit wie möglich mit Sauerstoff zu füllen und die größtmögliche Menge an Lebenskraft aus der Luft aufzunehmen. Sie werden die positiven Auswirkungen dieses Atemmusters bereits beim ersten Üben verspüren.

Ich erinnere mich an einen meiner Yoga-Schüler, der, als er diese vollständige, ausgeglichene Atmung zum erstenmal praktizierte, ein wenig überrascht über die Empfindung warmer, fließender Energie in seinem Körper war. Chuck war Geschäftsführer in der Werbebranche. Seine Frau hatte ihn zu diesem Yogakurs angemeldet, weil sie sich Sorgen über seinen Streßpegel machte und wollte, daß er sich entspannen lernte. Er räumte ein, daß er sich wie ein Nervenbündel fühlte: „Je angespannter ich werde, desto schwerer fällt es mir, mich auf meine Arbeit zu konzentrieren und kreativ zu sein. Und wenn die Ideen ausbleiben, verspanne ich mich erst recht, und dann geht überhaupt nichts mehr!"

Bereits nach der ersten Sitzung war Chuck von dieser Atemmethode überzeugt, aber er gab zu, daß er anfangs skeptisch gewesen war. „Wenn Sie mir gesagt hätten, daß das Erlernen einer bestimmten Atemmethode mein Leben verändern kann, hätte ich Sie einfach ausgelacht und wäre in Ihrem Kurs nicht mehr aufgetaucht", sagte er. „Aber jetzt, ein Jahr später, bin ich der Top-Manager unserer Firma, habe zwei Preise für kreative Anzeigengestaltung gewonnen und fühle mich jünger und entspannter als je zuvor."

Die Wahrheit ist ...

Inspiration ist überall. Wenn du bereit bist, eine Ameise wertzuschätzen, kann sie für dich zu einem der Wunder des Universums werden. *Anonym*

- Starke Menschen atmen kraftvoll und sind von kreativer Energie erfüllt.
- Ihr Atem folgt Ihren Gedanken, und Ihre Gedanken folgen Ihrem Atem.
- Wenn Sie Ihren Atem gemeistert haben, haben Sie Ihre Geisteskräfte gemeistert.
- Wenn Sie Ihre Geisteskräfte gemeistert haben, haben Sie Ihre Selbstheilungskräfte und Ihre Vitalität freigesetzt.

Gedanken ...

Hauche mir dein Leben ein, Atem Gottes, erfülle mich mit neuem Leben, damit ich liebe, was du liebst, und tue, was du tun würdest. *Edwin Hatch*

Die folgende einfache Übung dient zur Harmonisierung Ihres gesamten Zentralnervensystems. Sie können die fünf Schritte, die Sie zu einer tiefen, rhythmischen Atmung führen, im Stehen, Sitzen oder Liegen durchführen.

1. Atmen Sie tief durch die Nase aus, indem Sie Ihren Bauch ganz einziehen.
2. Atmen Sie langsam durch die Nase ein, dehnen Sie dabei

zuerst Ihren Bauch, dann Ihren Brustkorb aus und heben Sie die Schultern bis zu den Ohren.
3. Halten Sie den Atem ein paar Sekunden lang an – so lange, wie es sich gut anfühlt.
4. Atmen Sie in der umgekehrten Reihenfolge aus, indem Sie langsam die Schultern senken, den Brustkorb entspannen und den Bauch einziehen.
5. Wiederholen Sie dieses Atemmuster zuerst langsam, dann schneller – und dann noch schneller, bis Ihr Gesicht sich rötet. Werden Sie dann wieder langsamer, bis Ihr Nacken entspannt ist und Sie sich innerlich ruhig fühlen.

... verwirklichen

Das Herz hat seine Gründe, von denen der Verstand nichts weiß. *Blaise Pascal*

1. Zählen Sie die guten Dinge in Ihrem Leben auf. Denken Sie an alle Menschen und Dinge, die Sie als Geschenke betrachten, und spüren Sie Ihre Dankbarkeit für all diese Menschen, Dinge und Ereignisse, bis Ihnen angesichts der Herrlichkeit des Universums Tränen der Liebe in die Augen treten.
2. Versuchen Sie auf einer tieferen Ebene die wunderbare Ordnung zu erkennen, die hinter Ihrem Leben steckt. Spüren Sie Ihre Dankbarkeit, bis Ihre Tränen die Fenster Ihres Herzens gereinigt haben, so daß Sie einen Blick auf die von dort kommenden Botschaften und Visionen richten können. Bitten Sie dann um eine inspirierende Botschaft und schreiben Sie auf, was Ihnen in den Sinn kommt.

Affirmationen

- Ich bringe meine Atmung und meinen Geist in ein wohltuendes Gleichgewicht.
- Meine Inspiration stellt mir unendliche Energie zur Verfügung.
- Ich bin dankbar für die vielen guten Dinge in meinem Leben.
- Ich öffne mein Herz für Inspiration und Heilung.

12 | *Ein gesunder Geist sorgt für einen gesunden Körper*

> Gesundheit ist kein physischer, sondern ein geistiger Zustand.   *Mary Baker Eddy*

So viele Leute wissen, daß sie sich selbst krank machen können, aber nur wenige sind bereit zuzugeben, daß sie sich auch gesund machen können. In meiner Praxis höre ich täglich Sätze wie: „Ich war krank vor Sorge" oder „ich war so aufgeregt, daß ich tagelang nichts essen konnte" oder „es brach mir wirklich das Herz."

Unsere Gedanken, Wahrnehmungen, Gefühle und Worte können uns krank machen. Aber sie können uns auch stark machen und uns helfen, unseren Körper zu heilen. Wenn unsere Wahrnehmung einseitig ist und wir eine Situation oder Person als „nur schlecht" betrachten, schwächen unsere negativen Gedanken unseren Organismus. Bringen wir unsere einseitige Wahrnehmung jedoch ins Gleichgewicht, indem wir die negativen Aspekte mit der gleichen Anzahl positiver aufwiegen, verliert das Negative sein krankmachendes Potential, und wir öffnen unsere Herzen der heilenden Kraft bedingungsloser Liebe.

Vor einigen Jahren nahm ein Arzt namens Chuck am *Breakthrough*-Prozeß teil. Er war gerade dabei, sich von den Bestrahlungen zu erholen, mit denen sein Kehlkopfkrebs behandelt worden war. Am Ende des Seminars wirkte er energiegeladen und fühlte sich kraftvoll genug, um wieder in seinem Beruf als Chiropraktiker zu arbeiten. Zwei Jahre später rief er mich an, um mir mitzuteilen, daß der Kehlkopfkrebs zurückgekehrt war. Voller Angst und Sorge ließ er sich einen Termin für eine Einzelsitzung geben.

Als Chuck mir dann gegenüber saß, bat ich ihn, mir zu zeigen, wo genau sein Arzt den neuen Tumor lokalisiert hatte. Es war das linke Stimmband. Ich erklärte Chuck, daß ein kanzeröses Wachstum am Stimmband darauf hinwies, daß er nicht aussprach, was er wirklich fühlte. Und weil der Tumor auf dem linken Stimmband saß und die linke Seite des Körpers die weibliche Seite repräsentiert, fügte ich hinzu, daß es in bezug auf die Frauen in seinem Leben zweifellos einige Blockaden und Lügen gab.

Während der nächsten Stunden half ich Chuck, seine verzerrte Wahrnehmung geradezurücken und zu erkennen, daß die Gefühle, die er gegenüber seiner Mutter, seiner Stieftochter, seiner Schwester und seiner Frau hegte, in Wirklichkeit ausgeglichen waren. Ich wußte, daß er fähig sein würde, alles zu sagen, was er bisher nicht auszusprechen wagte, wenn er das Vollkommene an seinen Gefühlen und den Erfahrungen, die er mit Frauen machte, erkennen konnte. Diese Erkenntnis würde seinen Organismus in ein Gleichgewicht bringen, welches zur Heilung nötig war. Am Ende der Sitzung sagte Chuck, er fühle sich, als seien ein paar schwere Gewichte von ihm genommen worden. Er verspürte den unwiderstehlichen Drang, seinen Angehörigen „danke" und „ich liebe dich" zu sagen. Gleich nach seiner Rückkehr rief er sie alle an.

Zwei Monate später, am vereinbarten Operationstermin, stellte sein Arzt fest, daß der Tumor verschwunden war. „Ich habe jetzt wirklich verstanden, was es bedeutet, aufrichtig dankbar zu sein", sagte Chuck. „Ich bin immer noch im Besitz meiner beiden Stimmbänder, und es gibt so viel in meinem Leben, für das ich Tag für Tag dankbar sein kann." Seither ist ein Jahr vergangen, und kürzlich teilte Chuck mir in einem Brief mit, daß er gesund ist und das tut, was er am liebsten tut.

Ihr Körper glaubt jedes Wort, das Sie denken oder sagen

Die Heilkräfte des Menschen sind alle
Verteidigungsmechanismen, die der Körper mobilisiert,
um Krankheiten zu besiegen. Und oft werden seine
Heilkräfte durch seine Glaubenskräfte aktiviert.

Norman Cousins

- Alles, was Sie denken und sagen, hinterläßt einen Eindruck in Ihrem Geist und in Ihrem Körper.
- Wenn Sie immer wieder den gleichen Satz denken oder sagen, beginnen Ihr Geist und Ihr Körper an ihn zu glauben, ganz gleich, ob Sie es wirklich so meinen oder nicht.
- Die emotionale Ladung Ihrer Ängste und Schuldgefühle ist in Ihrem Muskelgewebe und in Ihren Organen gespeichert und beeinträchtigt Ihre Gesundheit so lange, wie Sie an Ihren Illusionen festhalten.
- Es ist fast sinnlos, funktionale Störungen zu behandeln, solange ein Mensch nicht durch bedingungslose Liebe ein inneres Gleichgewicht und inneren Frieden gefunden hat.

Eine der promptesten Methoden, Ihren Gesundheitszustand zu ändern, besteht darin, Ihre Gedanken und Worte zu ändern. Machen Sie sich einmal bewußt, was Sie ständig denken und sagen. Ihr Geist und Ihr Körper werden anfangen, Ihnen zu glauben, wenn Sie ihnen ständig Sätze wie „diese Arbeit bringt mich noch um" oder „ich kann sie nicht ausstehen" oder „er macht mich krank" vorsagen.

Wenn wir wütend oder frustriert sind, sagen wir oft Dinge, die wir irgendwann glauben, anstatt unser Herz für die Wahrheit und Weisheit der Liebe zu öffnen. Je länger wir an unsere Lügen glauben, desto stärker wird ihre Auswirkung auf unser Leben und unsere Gesundheit und desto stärker werden sie uns schließlich beeinträchtigen. Das war auch bei einem Ehepaar der Fall, mit dem ich vor etwa zwölf Jahren arbeitete. Die beiden kamen in meine Praxis, weil ihre neunundvierzigjährige Tochter Susan sie gebeten hatte, mit mir zu sprechen. Susan war eine meiner Klientinnen und glaubte fest daran, daß ich ihren Eltern helfen könne. Robert und Mary waren seit fast fünfzig Jahren verheiratet, und Susan hatte mir erzählt, daß sie sich stritten, solange sie zurückdenken konnte. Beide hatten Krebs im Endstadium, und Susan wollte, daß sie sich vor ihrem Tod versöhnten.

Noch bevor wir drei in meiner Praxis Platz genommen hatten, begannen Mary und Robert zu streiten. Sie warfen sich Beleidigungen an den Kopf und beschuldigten sich gegenseitig für verschiedene Dinge, die sich im Laufe des Tages ereignet hatten. Dann wandte sich Mary an mich und sagte: „Ich weiß nicht, warum wir hier sind. Sie können uns nicht helfen. Wir sind seit fünfzig Jahren wie Hund und Katze, weil er so stur, egoistisch und unausstehlich ist!" Robert verschränkte die Arme vor der Brust und sagte: „In Ordnung, vielleicht bin ich stur und egoistisch, aber du bist diejenige, die unausstehlich ist. Du bist eine furchtbare Xantippe, und niemand kann dich glücklich machen!" Sie fuhren mit ihrem Gezänk fort, bis ich vorschlug, in Gedanken einmal zu der Zeit zurückzukehren, in der sie beschlossen hatten zu heiraten. „Haben Sie einander damals geliebt?" fragte ich. Sie bejahten das und erklärten, daß sie sonst nicht geheiratet hätten. „Was war es also, das soviel Wut zwischen Ihnen entstehen ließ?" fragte ich. Sie schauten einander an, dann mich, und schließlich sagte Mary: „Wir waren gerade drei Monate verheiratet, als er mich schwängerte. Ich mußte meine Arbeitsstelle aufgeben und mit dem Baby zu Hause bleiben. Ich hätte frühestens zwei oder drei Jahre nach der Hochzeit ein Kind gewollt. Er hat alles ruiniert, und seitdem war ich ununterbrochen wütend auf ihn!" Robert erklärte: „Ich versuchte, sie bei der Kindererziehung und -pflege zu unterstützen, aber ich arbeitete in zwei Jobs, um genug Geld nach Hause zu bringen, und nach einer Weile hatte ich abends nach der Arbeit nicht einmal mehr Lust, nach Hause zu gehen. Tag für Tag beklagte sie sich über etwas anderes."

„Also, wenn ich Sie recht verstehe", erwiderte ich, „sind Sie beide seit fünfzig Jahren wütend aufeinander, weil Susan zwei Jahre früher geboren wurde, als Sie wollten?" Mary nickte, und Robert antwortete mit einem Achselzucken. Ich sah, daß die Liebe noch da war, aber sie war durch die jahrelange Zurückweisung und den ständigen Hader so verschüttet, daß beide nichts mehr davon spürten.

Ich bat sie, sich bei den Händen zu fassen, einander in die Augen zu schauen und zu sagen: „Danke" und „Ich liebe dich." Zuerst weigerten sie sich natürlich, und ich mußte ein bißchen nachhelfen, aber nach einem weiteren verbalen Schlagabtausch gaben sie sich schließlich die Hände und schauten einander in die Augen. Als sie das taten, wich die Härte aus ihren Gesichtern und sie begannen zu weinen. Schließlich nahm Robert Mary in den Arm und sagte: „Ich liebe dich" und Mary sagte: „Ich liebe dich auch." Dann weinten sie noch mehrere Minuten lang. Robert und Mary erkannten, daß ihre ganze Wut, Frustration und Bitterkeit im Laufe der Jahre gewachsen war und sich schließlich in ihren Körpern als Krebs manifestiert hatte, der sie auffraß. Als sie mich aufsuchten, war Robert bereits zeitweise von einem Atemgerät abhängig, und Mary war zu schwach, um die Strahlentherapie fortzusetzen. Doch als sie ihre Herzen öffneten und die Liebe fühlten, die die ganze Zeit dagewesen war, waren sie dankbar für die Chance, die Zeit, die ihnen noch blieb, in Harmonie miteinander zu verbringen.

Programmieren Sie sich auf Gesundheit

> Wenn Sie einmal mit einer lebensbedrohlichen Situation konfrontiert waren, wird alles Triviale bedeutungslos. Ihre Perspektive erweitert sich, und Ihr Leben bekommt mehr Tiefgang. Sie haben einfach keine Zeit mehr für Kleinlichkeiten. *Margaretta Rockefeller*

- Seien Sie gewiß, daß die Heilkräfte für Sie arbeiten.
- Heilung kommt von innen, und jeder Mensch kann sich mit bedingungsloser Liebe heilen.
- Die beiden größten Heiler sind Lachen und Weinen, weil sie die beiden Seiten der Liebe widerspiegeln.
- Was der liebende Geist sich vorstellen und glauben kann, kann er auch erreichen.

Programmieren Sie sich auf Gesundheit, indem Sie gesunde Gedanken denken, sich auf Ihre Fortschritte konzentrieren und daran glauben, daß Sie bald den Gesundheitszustand erreicht haben werden, den Sie sich wünschen. Schauen Sie sich lustige Filme an, lesen Sie aufbauende Artikel und Bücher und füllen Sie Ihren Geist mit machtvollen Gedanken an Kraft, Gesundheit und Vitalität. Manchmal, wenn ich überlege, mit welcher Geschichte ich dies einem Klienten veranschaulichen könnte, muß ich an Edith denken, eine Frau in den Fünfzigern, die so stark an Arthritis litt, daß sie häufig nicht in der Lage war, ihre Wohnung zu verlassen. Doch eines Tages sah ich Edith mit einem Herrn im Park spazierengehen. Ich hätte sie zuerst fast nicht erkannt. Ihr Gang war so anmutig und ihr Lächeln so herzlich, daß sie viel jünger wirkte. Als ich Edith ein paar Wochen später zufällig wiedertraf, erzählte sie mir, daß dieser Mann ihr neuer Freund sei. Ich erwähnte, daß sie sehr gesund wirke, und sie stimmte mir zu. Sie verlebte einen sehr angenehmen, schmerzfreien Frühling. Ich sah sie erst im Spätsommer wieder und stellte überrascht fest, daß ihre Arthritis sie schlimmer zu plagen schien als je zuvor. Sie erzählte mir, daß ihre Liebesaffäre vorbei war und sie sich deprimiert und alles in allem ganz schrecklich fühlte.

Ich fragte Edith, ob ihr klar sei, daß ihr körperlicher Zustand sich verbessert hatte, als sich ihr emotionaler und geistiger Zustand besserte. Sie räumte ein, daß sie sich körperlich viel besser gefühlt hatte, als sie mit ihrem Leben zufrieden gewesen war. Aber sie fügte hinzu, daß sie keine Lust mehr habe, noch irgend etwas zu versuchen. „Edith", sagte ich, „Sie sind diejenige, die letztesmal die Besserung bewirkt hat; Sie können es wieder tun. Stellen Sie sich vor, wie Sie mit einem neuen Freund durch den Park spazieren oder wie Sie mit einem Ihrer Enkelkinder spielen." Als ich ihre Enkelkinder erwähnte, lächelte sie und versprach, es zu versuchen. Monatelang hörte ich nichts von ihr, aber eines Tages erhielt ich einen Umschlag, der neben einer wunderschönen Muschel eine kurze Mitteilung von Edith enthielt:

Liebe Grüße! Diese Muschel habe ich heute morgen selbst aufgehoben, als ich mit meinem Enkel Brandon einen Strandspaziergang machte. Vielen Dank, Doktor Demartini. Sie hatten recht! Es steht in meiner Macht, meinen Gesundheitszustand zu verbessern.

Die Wahrheit ist ...

Die Realität ist etwas, über das wir uns erheben.
Liza Minelli

- Bedingungslose Liebe heilt.
- Wenn Sie dankbar und voller Liebe sind, ist Ihr Körper gesund und stark.
- Sie haben es in der Hand, in Ihrem Geist und Ihrem Körper, sowohl Krankheit als auch Gesundheit zu bewirken.

- Durch Krankheit spricht Ihr Körper zu Ihnen, um Ihnen eine weitere Gelegenheit zu geben, sich selbst und andere zu lieben.
- Wenn Sie demütig und dankbar sind, ist Ihr Herz offen, und die Heilkraft bedingungsloser Liebe durchströmt Sie.

Gedanken ...

Humor ist eine reiche und vielfältige Kraftquelle – eine spirituelle Kraftquelle wie das Gebet.

Marylin R. Chandler

1. Wann haben Sie sich das letzte Mal mit Wut, Frustration, Anspannung, Angst oder Schuldgefühlen krank gemacht?
2. Fassen Sie den festen Entschluß, Ihre Gedanken und Worte von jetzt an bewußt wahrzunehmen. Merzen Sie Sätze aus wie: „Es macht mich krank... ", „Ich kann es nicht ausstehen...", „Meine Füße bringen mich um...", „Das macht mich verrückt..." und so weiter.
3. Reinigen Sie sich geistig. Nehmen Sie sich täglich eine Viertelstunde Zeit, um mit geschlossenen Augen entspanntes Atmen zu praktizieren. Atmen Sie langsam durch die Nase ein, während Sie bis sechs oder sieben zählen, und atmen Sie dann langsam auf die gleiche Weise aus. Es geht darum, Einatmen und Ausatmen ins Gleichgewicht zu bringen. Manche Leute fühlen sich am besten, wenn sie nur vier oder fünf Sekunden lang einatmen, während andere die Spanne viel länger ausdehnen können. Atmen Sie in dem Rhythmus, der sich für Sie am besten anfühlt.
4. Denken Sie mindestens einmal pro Tag an all die Dinge, für die Sie dankbar sind, bis Ihnen Tränen der Dankbarkeit in die Augen treten. Visualisieren und spüren Sie dann, wie die warme, besänftigende Energie bedingungsloser Liebe Ihren Körper mit Heilkraft erfüllt.

... verwirklichen

> Viele Dinge, die Schmerz verursachen, würden Freude hervorrufen, wenn man ihre Vorteile in Betracht zöge.
> **Baltasar Gracian y Morales**

1. Notieren Sie alle Beschwerden, die Sie gern heilen würden.
2. Numerieren Sie die Beschwerden entsprechend ihrer Dringlichkeit oder Priorität. Beschwerde oder Zustand Nummer 1 sollte höchste Priorität haben.
3. Notieren Sie dreißig Vorteile, die Zustand Nummer 1 Ihnen bringt.
4. Schreiben Sie einen Dankesbrief für die Segnungen, die Sie durch Ihre Krankheit und Ihre Gesundheit erfahren.

Affirmationen

- Ich bin dankbar, mein Herz ist offen, und die Heilkraft bedingungsloser Liebe erfüllt meinen Körper.
- Ich nähre meinen Geist mit gesunden Gedanken.
- Ich liebe und achte meinen Körper wie meinen hingebungsvollsten und treuesten Freund.
- Sowohl meine Gesundheit als auch meine Krankheit ist ein Segen und gibt mir Gelegenheit, mich selbst und andere zu lieben.
- Alles, was ich mir vorstellen und glauben kann, kann ich auch erreichen.

13 | „Frönen" Sie dem Maßhalten

> Du besitzt alle Willenskraft der Welt, um jede Gewohnheit aufzugeben. Die Macht des göttlichen Willens ist stets mit dir und kann niemals zerstört werden.   *Paramahansa Yogananda*

Daß wir die Annehmlichkeiten und Freuden des Lebens genießen können, ist ein Geschenk, und es ist ein Zeichen von Weisheit, dankbar für diese Geschenke zu sein. Wenn wir uns aber nur von unseren Leidenschaften leiten lassen, wenn wir erlauben, daß sie unser Leben beherrschen, kommen wir leicht von unserem eigentlichen Weg ab und verlieren den Kontakt zu unserer inneren Stimme. Oberflächliche Vergnügungen, Krankheit oder Vernarrtheit können uns von unserem Kurs abbringen. Eine der effektivsten Methoden, sich von Süchten zu befreien und ungesunde Angewohnheiten in gesunde zu verwandeln, besteht darin, sich in Mäßigung zu üben.

Wenn Sie Ihren Leidenschaften in Maßen nachgeben, können Sie Ihre Bedürfnisse befriedigen und trotzdem die Kontrolle behalten. Frönen Sie Ihren Leidenschaften jedoch im Übermaß, beginnen diese, Sie zu beherrschen, und verursachen die verschiedensten Störungen im geistigen oder körperlichen Gleichgewicht. Es ist nichts Ungewöhnliches, hin und wieder zwischen entgegengesetzten Verhaltensweisen hin und her zu pendeln, aber wenn Sie sich bemühen, die Ausschläge des Pendels zu verringern und mehr in die Mitte zu kommen, werden Sie sich gesünder fühlen und produktiver sein. Möglicherweise haben auch Sie die eine oder andere Angewohnheit, die Sie gerne loswerden würden. Doch wenn wir etwas loswerden möchten, führt das oft dazu, daß wir ins andere Extrem verfallen. Ein gutes Beispiel hierfür ist die Geschichte eines ehemaligen Alkoholikers namens Joe. Joe suchte mich das erste Mal vor fünf oder sechs Jahren auf, nachdem er erkannt hatte, daß der Alkohol sein ganzes Leben beherrschte. Er hatte bereits bei den anonymen Alkoholikern Hilfe gesucht, aber wie er mir sagte, führte ihn der Gedanke, nie wieder ein Glas Alkohol anzurühren, normalerweise direkt in die nächste Bar oder den nächsten Spirituosenladen. „Als ich das letzte Mal sagte, ich würde nie wieder ein Glas trinken, blieb ich meinem Vorsatz genau einen Tag lang treu. Dann fuhr ich zum Supermarkt, kaufte eine Flasche Scotch und trank die ganze Flasche leer", sagte Joe. „Ich weiß nicht, was ich tun soll, aber ich weiß, daß ich etwas tun muß!"

Als erstes half ich Joe, seine verzerrte Wahrnehmung des Alkohols und seines Alkoholproblems geradezurücken. Er schrieb alle positiven und negativen Aspekte seiner Trinkgewohnheiten auf ein Blatt Papier und erkannte dadurch rasch, daß das Trinken weder gut noch schlecht war – es war einfach Trinken. Nachdem Joe das verstanden hatte, sagte er: „Einer der Gründe dafür, daß ich mich immer wieder betrinke, ist, daß ich mich wegen meiner Unfähigkeit, mit dem Trinken aufzuhören, so schuldig fühle. Ich habe mich einfach im Kreis gedreht!" Dieser Teufelskreis aus Schuldgefühlen und Ängsten in bezug auf seine Trinkerei hatte sein Leben beherrscht.

Ich erklärte Joe, daß man eine Angewohnheit oder Sucht am besten in den Griff bekommt, wenn man ihr in Maßen nachgibt. „Aber", sagte er, „ich dachte, wenn man einmal Alkoholiker ist, ist man immer Alkoholiker. Werde ich, wenn ich eine Weile mit dem Trinken aufhöre, nicht gleich wieder täglich trinken, wenn ich erst einmal dieses ‚erste Glas' getrunken habe?" Wir verbrachten den Rest der Sitzung damit, diese Frage genauer zu betrachten, und Joe erkannte, daß er nie wirklich versucht hatte, seinen Alkoholkonsum in der von mir vorgeschlagenen Weise zu mäßigen. Er war überzeugt, daß er es schaffen könnte, nur jeden zweiten Tag zu trinken. Sein Langzeitziel war, nur gelegentlich Alkohol zu trinken, aber er wollte mit einem Schritt beginnen, der für ihn im Bereich des Möglichen lag. Gemeinsam entwickelten wir eine Strategie, die ihm helfen sollte, den Vertrag, den er mit sich selbst geschlossen hatte, einzuhalten.

Als Joe vier Wochen später in meine Praxis kam, war er ein anderer Mensch. Er wirkte selbstbewußt und schien ein paar Zentimeter gewachsen zu sein. Stolz berichtete er mir, daß er sich in den ersten beiden Wochen an die Abmachung, nur jeden zweiten Tag zu trinken, gehalten hatte – außer an einem Wochenende, an dem er sowohl am Freitag- als auch am Samstagabend getrunken hatte. „Aber", sagte er, „es war in Ordnung, weil ich, statt mich deshalb schuldig zu fühlen, einfach beschloß, den Sonntag zum alkoholfreien Tag zu machen. Damit war ich dann wieder im Rhythmus!" Ich gratulierte Joe zu seinem Durchhaltevermögen und fragte ihn, wie es ihm in den anderen beiden Wochen ergangen war. „Also", sagte er, „als mir klar wurde, daß ich tatsächlich in der Lage war, nur an vier von sieben Tagen zu trinken, wußte ich, daß ich es auch schaffen würde, nur noch an drei von sieben Tagen zu trinken. Und das habe ich dann gemacht." Für den folgenden Monat hatte Joe sich vorgenommen, nur noch an zwei Tagen in der Woche zu trinken und an diesen Tagen auch noch die Alkoholmenge zu reduzieren. So konnte er sich selbst beweisen, daß er in der Lage war, es aus eigener Kraft zu schaffen und seine Vorsätze einzuhalten! Sein Selbstvertrauen wuchs – und damit auch seine Selbstdisziplin! Seit vier Jahren ist Joe nun das, was man einen „Gelegenheitstrinker" nennt, und er ist überzeugt, daß er diesen Erfolg der Strategie des Maßhaltens verdankt.

Maßhalten ist das Geheimnis eines gesunden Körpers und eines gesunden Geistes

Iß nie mehr, als du hochheben kannst.　　　　*Miss Piggy*

- Maßhalten schafft ein geistiges und körperliches Gleichgewicht.

- Wenn Sie Unmäßigkeit zur Gewohnheit machen, drücken Geist und Körper ihr Unbehagen durch Krankheit, Depressionen und Angstzustände aus.
- Leidenschaften müssen nicht verdammt, sondern auf ein gesundes Maß reduziert werden.
- Maßhalten ist einer der größten „Heiler".

Die Vielfalt mag dem Leben seine Würze geben, aber die Mäßigung schenkt uns ein gesundes Gleichgewicht und einen gesunden Rhythmus. Wir funktionieren sowohl auf der körperlichen als auch auf der geistigen Ebene dann am besten, wenn unsere Lebensweise ausgewogen ist, das heißt, wenn wir bei allem das rechte Maß finden. Durch zuviel Arbeit, zuviel Vergnügen, zuviel Essen, zuviel Trinken, zuviel Anstrengung oder zuviel von irgend etwas anderem bringen wir uns aus diesem gesunden Gleichgewicht und müssen früher oder später geistig oder körperlich den Preis dafür zahlen.

Vor ein paar Jahren traf ich auf einer Konferenz über Erziehungswissenschaften eine Frau namens Deborah. Sie hatte in kurzer Zeit eine großartige Karriere gemacht, aber sie vertraute mir an, daß sie nicht wisse, wie lange sie dieses hohe Leistungsniveau noch aufrechterhalten könne. Sie arbeitete durchschnittlich siebzig Stunden pro Woche, manchmal auch mehr, und nahm sich sehr wenig Zeit für ihre persönlichen Bedürfnisse. So begann ihre Lebensweise bereits, ihren Tribut zu fordern. Im Laufe des Gesprächs erwähnte sie beiläufig, daß sie im vergangenen Jahr häufig krank gewesen war, fünfzehn Pfund zugenommen hatte und neuerdings an Allergien litt. Deborah war dabei, ihre Gesundheit zu ruinieren. Ihr war völlig klar, daß es sowohl für ihr psychisches als auch für ihr körperliches Wohlergehen besser wäre, weniger zu arbeiten und anderen Lebensbereichen mehr Aufmerksamkeit zu schenken, aber sie hatte Angst, ihre hohe Position und ihren Status zu verlieren. Ich half Deborah, zu erkennen, daß die rundum zufriedenen und erfolgreichen Menschen normalerweise jene sind, deren Lebensweise ausgewogen und maßvoll ist. Ich erklärte ihr, daß ihre Leistungsfähigkeit nicht abnehmen, sondern eher noch zunehmen würde, wenn sie sich Zeit für körperliche Bewegung, ausgewogene Ernährung und angemessene Ruhepausen nahm. Letztes Jahr erhielt ich eine kurze Nachricht von ihr. Sie teilte mir mit, daß sie wieder mit regelmäßigem Körpertraining angefangen hatte, kein Übergewicht mehr hatte, sich viel besser fühlte und gerade befördert worden war.

Nichts, was die Sinne befriedigt, kann die Seele zufriedenstellen

> Die Wünsche des Menschen sind wie das Kleingeld in seiner Jackentasche. Je mehr davon er mit sich herumträgt, desto stärker zieht das Gewicht ihn hinunter.
> *Satya Sai Baba*

- Wenn das physische Leben unser einziger Daseinszweck wäre, würde uns die rein physische Existenz auch befriedigen.
- Alles, was wir als wohltuend und angenehm empfinden und was die Ausschüttung von „Glückshormonen" auslöst, uns also in Hochstimmung versetzt, ist ein potentielles Suchtmittel.
- Exzesse verhindern persönliches und spirituelles Wachstum.
- Mäßigung und Ausgewogenheit fördern persönliches und spirituelles Wachstum.

Henry James sprach die weisen Worte: „Der unendliche Hunger der Seele kann nicht über die Sinne befriedigt werden." Mit anderen Worten, ganz gleich, wie oft oder wieviel wir essen, trinken, einkaufen, Sex haben oder irgend etwas anderes tun, was uns auf der körperlichen Ebene befriedigt – unser Herz und unsere Seele werden weiterhin hungern. Es ist nichts Verwerfliches oder Schlechtes daran, sinnliche Bedürfnisse zu befriedigen, besonders, wenn wir es in Maßen tun, aber der Hunger unseres Herzens und unserer Seele wird nur gestillt, wenn wir unserer Inspiration folgen und unser Leben unserem höchsten Ziel widmen. Oft treibt das Gefühl, daß in seinem Leben irgend etwas fehlt, einen Menschen in Exzesse. Doch dieses Etwas ist weder in materiellem Besitz noch in weltlichen Vergnügungen zu finden, selbst wenn es scheint, als könnten diese Dinge die Leere vorübergehend füllen. Das Gefühl der inneren Leere entsteht, wenn Sie die Liebe und Führung Ihres Herzens und Ihrer Seele ausblenden. Wenn Sie sich jedoch der Führung und bedingungslosen Liebe Ihrer weisen inneren Stimme anvertrauen, erfahren Sie auf einer tieferen Ebene Erfüllung und sind eher in der Lage, maßvoll zu leben und physische Exzesse zu vermeiden.

Um meinen Klienten diesen Punkt zu verdeutlichen, erzähle ich ihnen am liebsten von einem Surfer, dem ich mit siebzehn Jahren begegnete, als ich an der Nordküste von Oahu lebte. Die anderen Surfer nannten ihn liebevoll „Todessehnsucht", aber in Wirklichkeit hieß er Dan. Seinen Spitznamen hatte er einer ganzen Reihe selbstzerstörerischer Angewohnheiten zu verdanken, die er bis zum Exzess auslebte. Täglich trank er mindestens sechs Flaschen Bier und rauchte ein bis zwei Päckchen Zigaretten. Er verschmähte gesundes Essen, trank kaum Wasser und war zu fast jedem risikoreichen Unternehmen bereit. Eines Abends, auf dem Weg in die Stadt, traf ich Dan und fragte ihn, ob er mir beim Abendessen Gesellschaft leisten wolle. Wir landeten in einer Pizzeria, und Dan beschloß aus unerfindlichen Gründen, mir sein Herz auszuschütten. Er erzählte mir, daß er trotz aller Exzesse das Gefühl der inneren Leere nicht loswerden könne. Damals wußte ich nicht, was ich ihm hätte sagen können, aber heute weiß ich, daß sein Gefühl der inneren Leere auf die Mißachtung seiner inneren Stimme zurückzuführen war. Er hatte versucht, diese Leere mit Verzweiflungstaten zu füllen statt mit inspiriertem Handeln.

Die Wahrheit ist ...

Ein Mensch, der nicht durch die Hölle seiner Leidenschaften gegangen ist, kann sie nicht überwunden haben. *Carl Jung*

- Mäßigung ist Weisheit.
- Eine maßvolle, ausgewogene Lebensweise führt zu einem produktiven, gesunden Leben.
- Wenn Sie der Führung Ihres Herzens und Ihrer Seele vertrauen und Ihrer Inspiration folgen, finden Sie Erfüllung.
- Wenn Sie die Stimme Ihres Herzens und Ihrer Seele ignorieren und sich von Ihren Leidenschaften beherrschen lassen, empfinden Sie Leere.

Gedanken ...

Mäßigung ist ein Baum, dessen Wurzeln aus Zufriedenheit und dessen Früchte aus Ruhe und Frieden bestehen. *Nordafrikanisches Sprichwort*

1. Wann haben Sie sich zuletzt erlaubt, irgend etwas zu „übertreiben"?
2. Erinnern Sie sich daran, was Sie über diese Situation dachten – sowohl in der Situation als auch danach.
3. Welche Gefühle lösten diese Gedanken in Ihnen aus, zu welchen Aktionen regten sie Sie an?
4. Betrachten Sie sich drei Vorteile und drei Nachteile dieser Erfahrung.

... verwirklichen

Selbstachtung erwächst aus Disziplin. Das Gefühl für die eigene Würde wächst mit der Fähigkeit, nein zu sich selbst sagen zu können. **Abraham. J. Heschel**

1. Schreiben Sie drei Aktivitäten oder Leidenschaften auf, denen Sie im Übermaß frönen.
2. Wählen Sie daraus die Angewohnheit aus, die Sie am meisten beherrscht, und schreiben Sie zehn positive und zehn negative Aspekte dieser Angewohnheit auf.
3. Legen Sie fest, in welchem Maße Sie die oben genannte Angewohnheit reduzieren oder ablegen wollen. Halten Sie Ihr Ziel schriftlich fest.
Beispiel: *Ich esse zuviel Schokolade.*
Hier könnten Sie schreiben:
Wenn mich Verlangen nach Schokolade überkommt, möchte ich ein bis zwei köstliche Stücke pro Woche essen.
4. Legen Sie fest, welchen ersten Schritt Sie machen wollen, um sich in diesem Punkt zu mäßigen. Geben Sie (liebevoll) sich selbst das Versprechen, Ihr Wort zu halten. Wählen Sie Ihr Ziel so, daß Sie es sicher erreichen können.

Affirmationen

- Ich gebe meinem Herzen und meiner Seele die Nahrung meiner Inspirationen. Ich erfreue mein Herz und meine Seele dadurch, daß ich tue, was ich liebe.
- Ich mäßige mich in meinen schlechten Angewohnheiten und führe ein gesünderes Leben.
- Ich bin ein Meister/eine Meisterin der Mäßigung und führe ein ausgewogenes, harmonisches Leben.
- Ich bin dankbar für die Lektionen, die ich durch meine Süchte und Angewohnheiten gelernt habe, weil sie mir die Vorzüge der Mäßigung deutlich vor Augen führen.

14 | *Geld verliert seinen Wert, wenn man es hortet*

> Kann sich irgend jemand an eine Zeit erinnern, wo die Zeiten nicht hart waren und das Geld nicht knapp war?
> *Ralph Waldo Emerson*

Menschen, die überzeugt sind, Geld stünde nur begrenzt zur Verfügung, neigen eher dazu, es zu horten als es zu investieren, geschickt anzulegen oder weise zur Verwirklichung ihrer Visionen zu nutzen. Andere, die an sich selbst glauben, wissen zu schätzen, was sie haben, und leben in der inneren Gewißheit, daß sie jederzeit mehr verdienen können. Diese Menschen haben Vertrauen und blockieren den Geldfluß nicht durch Angst, Zweifel, Krankheit oder Unsicherheit.

Je mehr wir etwas schätzen, desto mehr fürchten wir seinen Verlust. Manchmal verhindern Menschen ihren eigenen Wohlstand, indem sie ihm übertriebenen Wert beimessen. Wir dürfen nicht vergessen, daß sowohl Wohlstand als auch Armut ihre besonderen Vor- und Nachteile bieten. Man lebt mit dem einen nicht unbedingt leichter als mit dem anderen, doch realistisch betrachtet, ist es einfach viel schwieriger, ein hochgestecktes Ziel zu erreichen, wenn man den Geldfluß blockiert.

Eines Tages traf ich im Central Park in New York einen Mann namens Joe. Joe war Eisverkäufer, und wir kamen miteinander ins Gespräch. Er fragte mich nach meinem Beruf, und ich erzählte ihm, daß ich professioneller Redner sei. Er ließ seinen Blick in die Ferne schweifen und sagte: „Wissen Sie, ich bin auch mehr als ein Eisverkäufer." Ich sagte ihm, ich sei davon überzeugt, daß jeder mehr ist als der Job, den er gerade macht, und fragte ihn, ob er einen Traum habe, ob er gern etwas ganz anderes tun würde. „Machen Sie Witze?" fragte er. „Wer würde nicht lieber etwas anderes tun als das hier? Ich träume davon, ein bißchen Land zu kaufen, eine Farm mit biologischem Kräuteranbau aufzubauen und damit sehr reich zu werden." Ich sagte ihm, daß ich das für einen ziemlich guten Plan hielte, und fragte ihn, was er zu seiner Verwirklichung unternähme. Joe erklärte mir, daß er ohne Geld überhaupt nichts zur Verwirklichung dieses Plans tun könne. Ich machte ihm ein paar Vorschläge, wie er möglicherweise Geld sparen und investieren könne, um seinen Traum eines Tages zu verwirklichen. Er schien zunächst interessiert, erwiderte dann aber:

Das klingt ja alles großartig, aber Sie wissen genauso gut wie ich, daß manche Leute Geld haben und andere gern Geld hätten. Ich bin einer von denen, die gern Geld hätten. Solange ich nicht im Lotto gewinne, werde ich Eisverkäufer bleiben, bis ich Rentner werde oder irgendeinen anderen Job finde! Aber Joe hat vorgesorgt. In meiner Wohnung hüte ich einen netten kleinen Schatz, den mir niemand wegnehmen kann. Aber ich danke Ihnen trotzdem für den Ausflug ins Phantasieland, mein Herr.

Joe war überzeugt, daß es ihm nicht gelingen würde, das notwendige Geld zur Verwirklichung seines Traumes aufzutreiben. Er gab sich damit zufrieden, sein Erspartes in seiner Wohnung zu horten, weil er nicht genug Vertrauen in sich selbst oder in die Banken hatte, um es gewinnbringend anzulegen. Er hatte einfach aufgegeben, obwohl er in Wirklichkeit durchaus die Möglichkeit gehabt hätte, seine Vision zu verwirklichen, wenn er nur an sich selbst geglaubt und seine ganze Energie sowie seine finanziellen Mittel in seinen Traum investiert hätte.

Um Ihr Geld zu vermehren, müssen Sie es zirkulieren lassen

Messen Sie Geld keinen höheren oder geringeren Wert bei, als es tatsächlich hat; es ist ein guter Diener, aber ein schlechter Herr. *Alexandre Dumas*

- Geld muß zirkulieren, damit es sich vermehren kann.
- Sie müssen Geld ausgeben und Geld sparen, um „Geld zu machen".
- Es spielt keine Rolle, wieviel Geld Sie verdienen – das Geheimnis liegt im intelligenten Umgang mit dem, was Sie haben.
- Das Gesetz des fairen Energieaustauschs besagt, daß Sie nicht etwas für nichts bekommen.

Geld ist eine Energieform, und wenn diese Energie zirkuliert, ist sie produktiver als im Ruhezustand. Wenn Sie Geld sparen und es intelligent ausgeben, vermehren Sie es. Ob Sie fünfundzwanzigtausend oder eine Million Mark im Jahr verdienen – Sie müssen lernen, das, was Sie haben, intelligent einzusetzen, und Sie müssen dankbar dafür sein, bevor Sie mehr bekommen. Das ist eines der grundlegendsten Gesetze beim Erwerben von Wohlstand. Ein weiteres universales Gesetz ist die goldene Regel von Ursache und Wirkung – oder vom ausgewogenen Energieaustausch. Den alten Sprichworten *Was du säst, wirst du ernten* und *Du bekommst, wofür du bezahlst* wohnt durchaus eine gewisse Weisheit inne.

Während meiner Ausbildung machte ich die Bekanntschaft eines Mannes namens Sal, der in einiger Entfernung von unserem College einen kleinen Eckladen besaß. Manchmal machte ich eine Pause und ging zu Fuß zu Sals Laden, um frische Luft zu schnappen und ein paar Kleinigkeiten einzukaufen. Sal schien sich zu jeder Tages- und Nachtzeit im Laden aufzuhalten. Einmal sagte ich scherzend zu ihm: „Gehen Sie eigentlich nie nach Hause?" Sal konnte nichts Witziges an meiner Bemerkung finden und erwiderte: „Ich würde sehr gern nach Hause gehen, das können Sie mir glauben, aber ich ertrinke fast in Rechnungen und kann mich kaum über Wasser halten, egal wie hart ich arbeite." Sal fuhr fort, über seine monatlichen Ausgaben und die hohen Zinsen für seine Kredite zu klagen. Außerdem bemerkte er beiläufig, daß sein Laden nicht genug für eine anständige Altersversorgung abwarf. „Ich bin jetzt vierundfünfzig, und ich glaube, ich muß hier im Laden stehen, bis ich tot umfalle", sagte er. Aus irgendeinem Grund ging mir Sal wochenlang nicht mehr aus dem Kopf.

Auf dem Weg zu einer Vorlesung entdeckte ich eines Tages einen leuchtend gelben Zettel am schwarzen Brett, der für einen Finanz-Management-Kurs warb. Meine Unterhaltung mit Sal hatte mir bewußt gemacht, daß ich selbst lernen mußte, besser mit meinem Geld umzugehen. Die Frau, die dieses Tagesseminar leitete, verdankte ihren Wohlstand zum größten Teil intelligenten Geldanlagen und wußte sehr viel über die grundlegenden Prinzipien des Umgangs mit Geld. Ich meldete mich also für den Kurs an und kann rückblickend sagen, daß das, was ich dort in acht Stunden lernte, mindestens die dreifache Teilnahmegebühr wert war. An diesem Tag wurde mir eines der wichtigsten Prinzipien zur Erlangung von Wohlstand vermittelt: das Verfolgen einer inspirierenden Vision. Wenn wir eine Mission oder ein Ziel haben, das über unsere begrenzte Persönlichkeit, ja sogar über unsere Lebensspanne hinausreicht, werden wir zu „Magneten" und ziehen die nötigen Mittel zur Verwirklichung unseres Traumes buchstäblich an.

Ich bin Sal noch heute dankbar dafür, daß er mir den Anstoß zu meiner Suche nach finanzieller Freiheit gab. Er machte mir in der Tat ein großes Geschenk, denn er half mir zu erkennen, wie es mir möglicherweise selbst eines Tages mit meinen Geschäften ergehen könnte. Dieses innere Bild motivierte mich zum Handeln. Dank Sal und vieler anderer Lehrer bereitet mir der Umgang mit Geld heute keinerlei Schwierigkeiten mehr. Es liegt einige Weisheit in dem alten

Sprichwort: „Wenn du das Licht willst, mußt du die Fackel weitergeben". Heute gebe ich die Fackel weiter, indem ich meine Geheimnisse in Geldseminaren weitergebe, damit auch andere in den Genuß der Informationen über den Umgang mit Geld kommen können, von denen ich auf meinem Weg so viel profitiert habe.

Wenn Sie intelligent in sich selbst und andere investieren, wird sich Ihr Vermögen vervielfachen

> Investieren Sie Ihr Geld nie in etwas, das ißt oder repariert werden muß. *Billy Rose*

- Denken Sie beim Auszahlen zuerst an sich selbst.
- Sparen Sie mindestens zehn Prozent Ihres Einkommens.
- Investieren Sie in Ihre Visionen, nicht in Ihre Ängste.
- Bezahlen Sie nicht den Preis für das Aufschieben wichtiger Dinge.

Die Wohlhabenden denken, wenn es ans Auszahlen geht, zuerst an sich selbst. Wenn ein solcher Gedanke Schuldgefühle in Ihnen auslöst oder es Ihnen überhaupt unangenehm ist, für Ihre Dienste Geld zu erhalten, wäre es klug, sich einmal nach den Gründen zu fragen. Das Universum belohnt diejenigen, die andere und sich selbst belohnen. Wenn Sie Ihr Geld intelligent ausgeben und investieren, wird es zehnfach zu Ihnen zurückkehren. Obgleich es viele ausgezeichnete Möglichkeiten zur Geldanlage gibt, sind Sie immer noch am besten beraten, wenn Sie in Ihre eigenen Visionen, in Ihren eigenen Lebenstraum investieren. Wenn Sie eine Idee haben, die Ihnen persönlich oder geschäftlich zugute kommen kann, sollten Sie sich dafür belohnen, indem Sie einen bestimmten Betrag zur Verwirklichung dieser Idee auf Ihr Sparkonto überweisen oder den Betrag für eine bestimmte Investition erhöhen. Wenn Sie andere bei der Verwirklichung ihrer Lebensträume unterstützen wollen, sollten Sie das am besten anonym tun. So werden diese Menschen ihre Gefühle der Dankbarkeit in die Welt hinaussenden. Sie selbst werden dadurch belohnt, daß Sie anderen helfen können, dankbar zu sein.

Zahlen Sie nicht den Preis für das Aufschieben wichtiger Dinge. Zeit *ist* Geld. Jeder Tag, an dem Sie nichts zur Seite legen, ist ein Tag, den Sie später zu Ihrem Arbeitsleben hinzuaddieren müssen. Der Preis für einen solchen Aufschub ist höher, als es zunächst scheinen mag. Um beispielsweise bei einem jährlichen Zinsgewinn von zehn Prozent im Alter von fünfundsechzig Jahren eine Million auf der Seite zu haben, müssen Sie nur etwa hundert Mark pro Monat sparen – *wenn* Sie im Alter von zwanzig Jahren mit dem Sparen anfangen. Fangen Sie erst mit dreißig an, müssen Sie bereits zweihundert Mark pro Monat zur Seite legen. Wenn Sie warten, bis Sie vierzig sind, müssen Sie, um Ihr Ziel im Alter von fünfundsechzig Jahren eine Million zu besitzen zu erreichen, siebenhundertfünfzig Mark im Monat sparen.

Sie können materiellen Wohlstand „anziehen" und wertschätzen, ohne Ihr persönliches und spirituelles Wachstum dadurch zu blockieren. Wenn Sie ein gesundes Verhältnis zum Geld entwickeln, wenn Sie es als das sehen, was es ist, und als Mittel zur Verwirklichung Ihrer inspirierenden Träume nutzen, lassen Sie zu, daß sich Wohlstand in Ihrem Leben einstellt.

Die Wahrheit ist ...

Mit Geld kann man kein Glück kaufen, aber mit Armut auch nicht. *Anonym*

- Die Fülle des Lebens sollte auch in ihrer finanziellen Ausdrucksform als Geschenk wertgeschätzt und weise genutzt werden.

- Wohlstand muß, um stabil zu sein, auf der Basis von Charakterfestigkeit und Integrität aufgebaut werden.
- Ihre finanzielle Situation wird sich zum Positiven wenden, wenn Sie anfangen zu tun, wozu Sie inspiriert und bestimmt sind.
- Indem Sie voller Dankbarkeit in Ihre eigenen Lebensträume und die anderer investieren, vervielfältigen Sie Ihren Wohlstand.

Gedanken ...

Mein Geld reicht für den Rest meines Lebens – es sei denn, ich kaufe etwas. *Jackie Mason*

1. Nehmen Sie sich eine Weile Zeit, um über Ihre finanzielle Situation nachzudenken.
2. Denken Sie an eine Situation, in der Sie einer Vision nicht folgten, weil Sie glaubten, die benötigten finanziellen Mittel oder Investoren nicht auftreiben zu können.
3. Denken Sie an eine Situation, in der Sie eine Idee hatten, für deren Verwirklichung Ihnen ganz offensichtlich das Geld fehlte, und Sie dennoch Erfolg hatten, weil Sie auf Ihre Fähigkeit vertrauten, das benötigte Geld aufzutreiben.
4. Betrachten Sie sich Ihre Gefühle und Überzeugungen in bezug auf Wohlstand. Fragen Sie sich, warum Sie solche Glaubensmuster haben und wann sie sich Ihnen einprägten.

... verwirklichen

Ich empfinde dieses ganze Geld als eine große Last. *J. Paul Getty*

Teilen Sie ein Blatt Papier in drei Spalten ein. Notieren Sie in der ersten Spalte zehn Vorteile, die das Reichwerden mit sich bringt. In der zweiten Spalte notieren Sie zehn Hindernisse auf Ihrem Weg zum Wohlstand und in der dritten zehn Möglichkeiten, diese Hindernisse zu überwinden.

Affirmationen

- Ich investiere in meine Visionen und Ideen und danke für meine Investitionen.
- Ich weiß meinen Wohlstand zu schätzen und bin überzeugt, daß ich noch mehr verdienen kann.
- Ich bin Meister im Umgang mit Finanzen, und Geld fließt mir mühelos zu.
- Ich ziehe das Geld und die Hilfsmittel an, die ich brauche, um auf allen Ebenen zu heilen.

15 | Inspiriertes Dienen bringt Wohlstand und Anerkennung

> ... denn einen fröhlichen Geber hat Gott lieb.
> Korinther 9, 7

Um Wohlstand und Anerkennung anzuziehen, müssen wir von ganzem Herzen geben. Und je weiser wir das tun, desto mehr werden wir empfangen. Dieses universale Prinzip ist in unserem täglichen Leben von größter Wichtigkeit. Wenn wir nicht all das Gute bekommen, das wir uns wünschen, so liegt das daran, daß wir uns weigern, weise und großzügig das Gute mit anderen zu teilen, das wir haben. Wenn wir möchten, daß unser Einkommen steigt, müssen wir unsere Arbeit von ganzem Herzen tun. Wenn wir wollen, daß unser Körper heilt, müssen wir diesem Wunsch Energie geben, müssen demütig werden und anderen helfen. Nur dann werden wir belohnt.

Wenn wir erwarten, daß unsere Träume von Wohlstand und Anerkennung sich materialisieren, ohne daß wir bereit sind, anderen zu dienen, werden wir zwangsläufig enttäuscht. Wir sind wie Energietransformatoren und können nur so viel Energie aufnehmen, wie wir abgeben. Mit anderen Worten, wir bekommen, was wir uns wünschen, indem wir anderen helfen zu bekommen, was sie sich wünschen.

Oft kann man beobachten, daß Menschen, die nicht so wohlhabend oder anerkannt sind, wie sie gerne wären, mißmutig und verbittert werden. Vor ein paar Jahren nahm ich an einem Festbankett anläßlich der Pensionierung eines leitenden Angestellten teil, der mich im Laufe der Jahre ein paarmal konsultiert hatte, um sich in Fragen der Personalführung beraten zu lassen. Als er ein paar Tage vor seiner Pensionierung das letztemal bei mir war, sagte er: „Ich kann gar nicht erwarten, dieser Firma den Rücken zu kehren. Ich habe nie soviel Geld oder Anerkennung bekommen, wie ich verdient hätte." Ich schlug Jim vor, seine einseitige Sichtweise mit Hilfe des *Collapse*-Prozesses zu überprüfen. Ich wußte, daß die Erkenntnis, auf welche Weise seine Erfahrungen ihm gedient hatten, ihm helfen würde, sich voller Dankbarkeit statt in Verbitterung aus seinem Berufsleben zu verabschieden.

Natürlich wollte er zuerst überhaupt nicht glauben, daß seine Erfahrungen ihm in irgendeiner Weise gedient hatten, aber das änderte sich im Laufe der nächsten zwei Stunden, und er begann, viele positive Aspekte zu sehen. Außerdem wurde ihm allmählich klar, auf welche Weise er selbst das Verhalten anderer ihm gegenüber provoziert hatte. Als er meine Praxis verließ, sagte er: „Danke, Doktor Demartini. Ich habe heute mehr gelernt als in den vergangenen zehn Jahren. Gott sei Dank habe ich vor meiner Verabschiedung noch einmal mit Ihnen gesprochen. Meine Abschiedsrede wird jetzt ganz anders ausfallen."

Beim Festessen waren etwa fünfzig Leute versammelt, und ich entnahm der Unterhaltung an meinem Tisch, daß viele Angestellte froh waren, ihn an diesem Tag zum letzten Mal zu sehen. Er stand im Ruf, die Verdienste anderer für sich selbst zu beanspruchen und seinen Untergebenen gegenüber schnell mit Schuldzuweisungen bei der Hand zu sein. Doch als er an diesem Abend aufstand und seine Rede hielt, strahlte er soviel Dankbarkeit und Liebe aus, daß jemand hinter mir flüsterte: „Was ist denn in ihn gefahren?"

Jim räusperte sich und sagte: „Ich danke euch. Ich danke euch für all die Situationen, in denen ihr die Scharte ausgewetzt habt, wenn ich weniger als mein Bestes tat." Er erwähnte auch ein paar Situationen, in denen er anderen Versagen vorgeworfen hatte, um nicht selbst einen Verweis vom Vorstand zu erhalten. Dann dankte er mehreren Personen, denen er seiner Meinung nach für ihre gute Arbeit nicht genügend Anerkennung gegeben hatte. Jim ließ in seiner Rede all den Leuten, die zu seinem Erfolg beigetragen hatten, nachträglich die verdiente Anerkennung und Dankbarkeit zuteil werden. Als er von seinen Gefühlen überwältigt wurde, hatten viele Zuhörer Tränen in den Augen. Jim hatte sein Herz geöffnet, den anderen gedankt und ihre Arbeit gewürdigt, und so gaben sie ihm Dankbarkeit und Anerkennung zurück. Es waren dieselben Menschen, die sich nur eine Stunde zuvor mehr auf seine Pensionierung gefreut hatten als er selbst. Sie dankten ihm für die Zeiten, in denen er sie unterstützt hatte, und zollten ihm Anerkennung für alles, was er gut gemacht hatte.

Ihr Ansehen wächst in dem Maße, in dem Ihr Stolz abnimmt

> Sage mir, womit du prahlst, und ich sage dir, an was es dir mangelt. *Spanisches Sprichwort*

- Demut hindert Sie sowohl daran „abzuheben" als auch daran, in Depressionen zu stürzen.
- Kümmern Sie sich weder um Lob noch um Tadel. Lieben Sie einfach.
- Wenn Sie demütig, liebevoll und dankbar sind, gelangen Sie auf eine höhere Seinsebene.
- Echter Respekt ist die Belohnung für bescheidenes Dienen.

Demut ist eine wesentliche Voraussetzung für persönliches und spirituelles Wachstum. Sie verhindert Rechthaberei, macht unsere Verteidigungsmechanismen überflüssig und krönt uns mit dem Respekt, der uns entgegengebracht wird. Demut bringt uns Achtung und Bewunderung ein und erinnert uns daran, daß wir sehr viel zu lernen haben. Nur der Weiseste erkennt, daß er in Wirklichkeit so gut wie nichts weiß. Es spielt keine Rolle, wieviel Wissen wir erwerben – verglichen mit dem unermeßlichen, wunderbaren Universum, das uns umgibt, ist all unser Wissen nicht mehr als ein Kieselstein im ewigen Strom des Bewußtseins.

Als wir in einem Vorort von Houston lebten, wohnte in unserer Nachbarschaft eine ältere Dame, die man wirklich als weise Frau bezeichnen könnte. Ich kannte ihren richtigen Namen nicht, aber alle Kinder aus der Nachbarschaft nannten sie Nanny. Sie entfernte Splitter, verband aufgeschlagene Knie, erzählte wundervolle Geschichten und buk die besten Haferkekse, die ich je im Leben gegessen habe. Doch immer, wenn wir uns bei ihr für ihre liebevollen Taten bedankten, lächelte sie bescheiden, blickte zum Himmel und sagte: „Danke, Gott." Sie war so voller Dankbarkeit und Demut, daß sie im ganzen Bezirk zu einer Legende wurde. Jeder schien sie zu kennen, jeder rühmte sie, und sie erhielt in einem Monat mehr Geschenke als manche Leute in Jahren.

Verbinden Sie Ihr tägliches Handeln mit Ihrem Lebensziel

Indem Sie anderen etwas Gutes tun, heilen Sie sich selbst, weil eine Dosis Freude ein geistiges Heilmittel ist. Es überwindet alle Hindernisse.
Ed Sullivan

- Dienen, das der Dankbarkeit für das Leben entspringt, ist ein unmittelbarer Ausdruck bedingungsloser Liebe.
- Sie leben in dem Maße in Liebe, wie Sie Liebe ausdrücken.
- Verwirklichen Sie Ihre Visionen, indem Sie anderen helfen, ihre Visionen zu verwirklichen.
- Indem Sie Ihr tägliches Handeln mit Ihrem größeren Lebensziel verbinden, ziehen Sie den Erfolg an.

Wenn Sie anderen bei der Verwirklichung ihrer Ziele helfen, erlangen Sie einen inneren Frieden, der die Erfüllung Ihrer Herzenswünsche wie ein Magnet anzieht. Indem Sie Ihre täglichen Handlungen des Dienens mit Ihrem Lebensziel verbinden, wachsen sowohl Ihre Anziehungskraft als auch Ihr Einflußbereich. Die Stärke Ihrer Anziehungskraft hängt davon ab, wie dankbar Sie für die Gelegenheit sind, anderen zu dienen, und wie klar Sie erkennen, daß es Ihrem höchsten Lebensziel dient, wenn Sie anderen helfen. Je mehr Ihre Hilfe von Herzen kommt, desto mehr bekommen Sie zurück.

Das Geben mit dem Hintergedanken, etwas zurückzuerhalten, ist eine andere Form des Gebens – es ist mehr wie ein Tauschhandel. Diese Form des Gebens hat durchaus ihre Berechtigung, aber da sie nicht die höchste Form des Gebens ist, bringt sie nicht die gleichen Belohnungen mit sich. Bedenken Sie, daß inspiriertes Handeln und Dienen zugunsten anderer Menschen und des großen Ganzen eine hohe Energieschwingung erzeugt, die eine unwiderstehliche Ausstrahlung und Anziehungskraft mit sich bringt.

Vor etwa fünf Jahren nahm eine junge Frau namens Anne am *Breakthrough*-Prozeß teil. Während dieser beiden Tage entdeckte sie, daß alle ihre bisherigen Erfahrungen sie auf ihre höchste Aufgabe, auf ihr Lebensziel vorbereitet hatten. Sie sagte: „Ich habe so viele verschiedene Sachen gemacht, daß ich das Gefühl hatte, sie hätten überhaupt nichts miteinander zu tun. Doch jetzt kann ich ein deutliches Muster erkennen, das sich durch mein ganzes Leben zieht. Ich kann kaum glauben, daß ich das bisher nie sehen konnte." Sie begann, bestimmte Lebenserfahrungen aufzuzählen, die Vorträge, die sie vor Publikum gehalten hatte, ihr Philosophiestudium und ihre Ausbildung in Kommunikationswissenschaften, und sie sprach von ihrer Überzeugung, daß jeder Mensch der Welt etwas Einzigartiges zu geben hat. „Meine Lebensaufgabe besteht darin, anderen zu dienen, indem ich sie lehre, die Macht bedingungsloser Liebe sowie ihre eigene innere Schönheit zu erkennen", sagte Anne.

Sie schien sich ganz klar über ihre Mission zu sein, die sie begeisterte. Sie fragte mich: „Wie kann ich den Übergang von meinem Public-Relations-Job zur freien Autorin und Lehrerin schaffen?" Ich half Anne zu erkennen, auf welche Weise ihre bisherigen Erfahrungen sie auf ihre neue Aufgabe vorbereitet hatten. Diese Erkenntnis ließ sie noch tiefere Dankbarkeit für ihre Arbeit empfinden. Ihre Vision über ihre Lebensaufgabe wurde noch klarer, und die guten Einfälle sprudelten aus ihr hervor wie aus einer Quelle. Später erzählte sie mir einmal, daß sie für ihre neue Tätigkeit um so mehr Unterstützung erhielt, je mehr sie anderen half, ihre eigene Schönheit zu sehen. Heute hilft Anne in ihrer Funktion als Lehrerin und Autorin vielen Menschen, in Kontakt mit ihren Visionen zu kommen und ihre Herzenswünsche zu verwirklichen.

Die Wahrheit ist ...

Kein Mensch wurde je dafür geehrt, daß er etwas empfing. Die Ehre war die Belohnung für das, was er gab. *Calvin Coolidge*

- Liebevolles Dienen zieht Fülle und Anerkennung in Ihr Leben.
- Wenn Sie das Lob und die Anerkennung, die Sie bekommen, bescheiden an andere weitergeben, wächst Ihre positive Ausstrahlung.
- Wenn Sie Ihr liebevolles Dienen mit Ihrem höchsten Lebensziel verbinden, ziehen Sie positive Energien und Hilfsquellen an.
- Sie verdienen so viel Gutes, wie Sie mit dankbarem Herzen anderen tun.

Gedanken ...

Diene hin und wieder, ohne etwas dafür zu verlangen.
Hippokrates

1. Erinnern Sie sich an eine Zeit, wo Sie einem Menschen halfen, sein Ziel zu erreichen, und Ihnen dadurch von diesem oder anderen Menschen Unterstützung bei der Verwirklichung Ihrer eigenen Ziele zuteil wurde.
2. Denken Sie an eine Situation, in der – als Sie sich gerade selbst stolz auf die Schulter klopften – der rote Teppich vor Ihnen ausgerollt wurde.
3. Erinnern Sie sich an ein Ereignis oder eine Situation, wo Sie Hervorragendes leisteten, aber trotzdem ganz bescheiden im Hintergrund blieben und das Lob und die Anerkennung an andere weitergaben. Schließen Sie die Augen und rufen Sie das Gefühl der Liebe in sich wach, das in jenem Augenblick Ihr Herz wärmte.
4. Seien Sie dankbar für jede Gelegenheit, anderen zu dienen.

... verwirklichen

Kein Akt der Freundlichkeit, wie gering er auch scheinen mag, wurde je umsonst getan.
Aesop

1. Notieren Sie drei Dinge, auf deren Verwirklichung Sie besonders stolz sind.
2. Notieren Sie für jede der oben genannten Errungenschaften fünf Dinge, mit denen andere Sie unterstützten.
3. Notieren Sie die drei jüngsten Liebesdienste, die Sie anderen erwiesen haben. Notieren Sie dann fünf Dinge, durch die diese Liebesdienste Ihnen halfen, Ihre eigenen Träume zu verwirklichen.

Affirmationen

- Ich bin dankbar für jede Gelegenheit, anderen bei der Verwirklichung ihre Träume zu helfen.
- Ich bleibe bescheiden, wenn ich etwas erreiche, und gebe die Anerkennung auch an andere weiter.
- Ich verbinde mein liebevolles Dienen mit meinem höchsten Lebensziel.
- Ich diene der Inspiration meines Herzens und meiner Seele und werde mit bedingungsloser Liebe belohnt.

16 | Vernarrtheit bringt Ärger

> Vernarrtheit ist, wenn man jemanden aufs höchste
> Podest stellt, das man bauen kann, und sich zwei
> Monate später wünscht, er würde herunterspringen.
> *Graffiti in New York*

Meistens lehnen diejenigen, die die höchsten Podeste bauen, am Ende das Objekt ihrer Bewunderung am stärksten ab. Je größer die Illusion, desto tiefer der Fall. Wenn Sie einen Menschen, eine Situation oder eine Sache als ausschließlich gut betrachten, befinden Sie sich in einem vorübergehenden Zustand der Vernarrtheit und Illusion. Mit anderen Worten: *Sie halten sich selbst zum Narren!* Die Dualität ist in unserem Universum eine unleugbare Realität, und deshalb muß jeder wahrgenommene positive Aspekt von einem negativen ausgeglichen werden. Wir können unsere Augen und Herzen öffnen und beide Seiten der Menschen, Ereignisse und Dinge in unserem Leben sehen oder an unseren eingebildeten Podesten festhalten, bis sie zu bröckeln anfangen und umstürzen.

Ironischerweise sind wir selbst diejenigen, die die Illusionen erschaffen, welche wir schließlich empört zurückweisen. Aber wir müssen keineswegs in diesem Teufelskreis der Täuschung steckenbleiben. Sobald wir unsere Illusionen und Verblendungen als solche erkennen, können wir sie zurechtrücken und auf diese Weise lernen, die Wahrheit zu lieben.

Einer der Gründe für die Neigung vieler Leute, auf Illusionen hereinzufallen, ist, daß sie das Glück außerhalb von sich selbst suchen. Sie wollen glauben, daß ihr neuer Job, ihr Lieblingsauto oder das Traumhaus, das sie bauen, sie glücklich machen wird. Sie steigern sich in eine Begeisterung über diese Dinge hinein, die zu unzähligen unrealistischen Erwartungen führt. Wenn sie dann an ihrem Job, Auto oder Haus Dinge entdecken, die ihnen weniger gut gefallen, ist die Enttäuschung unvermeidlich. Das gleiche gilt für Beziehungen. Wenn ein Mensch völlig vernarrt in einen neuen Partner ist, ist der Liebeskummer vorprogrammiert.

Eine junge Frau namens Charlene, Angestellte in einem Vier-Sterne-Hotel in Texas, half meinem Team bei der Planung einer Reihe von Seminaren, die wir in diesem Hotel abhielten. Zwischen Charlene und mir hatte sich ein freundschaftlicher Kontakt entwickelt, und als ich eines Tages wieder in diesem Hotel abstieg, kam sie auf mich zu und rief aus: „Oh, Doktor Demartini, ich habe den besten Mann der Welt getroffen! Er ist einfach perfekt! Er sieht so gut aus und ist so klug! Außerdem hat er einen tollen Job und ist zärtlich und liebt Kinder und Hunde..."

Charlene war so vernarrt und aus dem Häuschen, daß sie kaum an sich halten konnte. Ich wußte, daß sie unweigerlich eine Enttäuschung erleben würde, wenn sie ihre Wahrnehmung nicht zurechtrücken und das *ganze* Bild sehen würde. Also sagte ich: „Oh, das ist großartig, Charlene. Jetzt sagen Sie mir mal, was Sie an ihm *nicht* mögen." Sie stemmte die Fäuste in die Hüften und sagte: „Doktor Demartini, müssen Sie denn immer so vernünftig sein? Ich sage Ihnen doch, dieser Mann ist echt."

„Ja", antwortete ich, „und deshalb wäre es klug, wenn Sie auch seine andere Seite sehen und akzeptieren würden." Sie lächelte und versprach, darüber nachzudenken. Wir sahen uns erst drei Monate später wieder, und diesmal kam Charlene auf mich zu, um mir zu danken. „Wissen Sie, ich bin heute wirklich froh darüber, daß Sie mich damals aufforderten, einen ehrlichen Blick auf Todd zu werfen. Ich wünschte ihn mir als Ritter in glänzender Rüstung und redete mir ein, daß er das sei."

Charlene erzählte, daß sie und Todd nicht mehr zusammen seien. „Gott sei Dank brachten Sie mich dazu, mir das Gesamtbild genauer anzuschauen. Ich schaute zwar nicht so genau hin, aber ich erkannte, daß Todd nicht der einzige Mann auf Erden ist. Und das war gut so, denn drei Wochen nach unserer Unterhaltung verließ er die Stadt mit einer Country-Sängerin.

Vernarrtheit beruht auf einseitiger Wahrnehmung

> Vernarrtheit ist, wenn du denkst, er sei so sexy wie Robert Redford, so klug wie Henry Kissinger, so edel wie Ralph Nader, so lustig wie Woody Allan und so athletisch wie Jimmy Connors.
> Liebe ist, wenn du erkennst, daß er so sexy wie Woody Allan, so lustig wie Ralph Nader, so athletisch wie Henry Kissinger und überhaupt kein bißchen wie Robert Redford ist – und du ihn trotzdem nimmst.
> *Judith Viorst*

- Jeder Mensch oder jede Sache, von der Sie nicht beide Seiten sehen können, beherrscht Ihr Leben.
- Das Gefühl oder die Überzeugung, daß Sie etwas oder jemanden unbedingt haben müssen, ist ein Zeichen dafür, daß Sie sich im Zustand der Vernarrtheit befinden.
- Wenn Sie eine Situation oder Person als ausschließlich gut wahrnehmen, ist Ihre Wahrnehmung einseitig.
- Der Grad oder die Intensität der Vernarrtheit bestimmt den Grad oder die Intensität der wahrscheinlich folgenden Ablehnung.

Vor ein paar Jahren hielt ich einen Vortrag vor einer Gruppe von leitenden Angestellten und Schönheitsberaterinnen einer Kosmetikfirma in San Diego. Als ich mich hinterher mit einigen von ihnen privat unterhielt, fragte mich eine junge Frau, ob sie ihren Freund heiraten solle. Ich bat sie, mehr von ihm zu erzählen. Sie sagte: „Dieser Mann ist über jeden Zweifel erhaben. Er ist der Mann meiner Träume. Ich liebe alles an ihm." Ihre Beschreibung war einfach zu einseitig, um wahr zu sein. Mir war klar, daß niemand dem Bild entsprechen konnte, das sie von ihm zeichnete, und daß ihre jetzigen unrealistischen Erwartungen zu einem späteren Zeitpunkt Enttäuschung und Ablehnung bei ihr auslösen würden. Also sagte ich, daß ich es nicht für klug hielte, den Mann in diesem Stadium der Beziehung zu heiraten. „Aber was soll ich Ihrer Meinung nach tun?" fragte sie.

Ich bat sie, all seine guten Eigenschaften auf ein Blatt Papier zu schreiben. Rasch hatte sie sechzig oder mehr seiner Vorzüge notiert. Dann forderte ich sie auf, neben diese positiven Seiten all die Dinge zu schreiben, die sie an ihm nicht mochte oder als negativ betrachtete. Sie wurde sofort wütend und ging in die Defensive. „Wenn er so viele schlechte Eigenschaften hätte wie gute, würde ich ihn nicht lieben", sagte sie beleidigt. Ich erklärte ihr, daß ihre Beschreibung seines Charakters meiner Meinung nach unrealistisch war und daß ihr mit Sicherheit nach der Hochzeit die Augen aufgehen würden, wenn sie jetzt nicht bereit sei, ihre Wahrnehmung zurechtzurücken und das ganze Bild zu sehen. Außerdem erklärte ich ihr, daß wir mit einem Menschen, an dem wir sowohl die schönen als auch die weniger schönen Seiten wahrnehmen können, eine erfülltere Beziehung haben können. Sie willigte ein, wenigstens zu versuchen, die Liste der Vorzüge und Nachteile ins Gleichgewicht zu bringen. Es dauerte eine Weile, bis sie genauso viele negative wie positive Eigenschaften notiert hatte. Als sie sah, was sie aufgeschrieben hatte, füllten sich ihre Augen mit Tränen. „Ich wollte keine der Eigenschaften anschauen, von denen ich dachte, daß ich sie an ihm vielleicht nicht leiden könnte", sagte sie. „Ich dachte, es wäre besser, diese Dinge einfach zu ignorieren. Aber jetzt, wo alles schwarz auf weiß auf diesem Papier steht und es nichts mehr zu verbergen gibt, habe ich eine klarere Vorstellung davon, was für ein Mensch er wirklich ist."

Als nächstes bat ich sie, sich die Liste der „guten" Eigenschaften erneut vorzunehmen und zu schauen, ob sie nicht jeden Charakterzug, den sie an ihm bewunderte, auch in ihrem eigenen Inneren entdecken konnte. Als sie diesen Teil der

Übung beendet hatte, erkannte sie allmählich, daß sie ihren Freund nicht so dringend „brauchte", wie sie ursprünglich geglaubt hatte. Sie begann zu verstehen, daß sie seine positiven Eigenschaften, an denen es ihr ihrer Meinung nach mangelte, in Wirklichkeit durchaus selbst besaß. So überwand sie ihre Illusion und Co-Abhängigkeit und damit die Hindernisse, die der bedingungslosen Liebe im Weg gestanden hatten. Als sie dieses Stadium von Klarheit und Dankbarkeit erreicht hatte, liefen ihr Tränen über die Wangen. „Ich weiß jetzt, daß ich ihn nicht brauche", sagte sie, „und ich weiß auch, daß es Dinge gibt, die ich an ihm nicht mag, aber das Erstaunlichste ist: Jetzt weiß ich, daß ich ihn wirklich liebe."

Wenn Erwartungen nicht erfüllt werden, entstehen Ablehnung und Groll

> Weisheit entspringt der Desillusionierung.
> *George Santayana*

- Wenn Sie „nur Gutes" von einem Menschen oder einer Situation erwarten, muß Ihre Illusion zwangsläufig zerstört werden.
- Wenn Sie ablehnend und voller Groll sind, errichten Sie eine Mauer um sich herum, die Sie daran hindert, die bedingungslose Liebe Ihres Herzens und Ihrer Seele zu empfinden.
- Wenn Sie auch die guten Seiten an Menschen und Situationen, die Sie ablehnen, entdecken können, rücken Sie Ihre einseitige Wahrnehmung zurecht und erhalten die Gelegenheit, bedingungslose Liebe und Dankbarkeit für das auszudrücken, was ist, wenn es ist.
- Vernarrtheit – *nicht* bedingungslose Liebe – ist das Gegenteil von Haß und eben jener Zustand, in den so viele von uns geraten.

Ablehnung und Groll macht sich breit, wenn die Erwartungen, die Sie in einen Menschen oder eine Situation gesetzt hatten, nicht erfüllt werden. Wenn Sie sich darüber ärgern, glauben Sie, daß der betreffende Mensch oder die Situation mehr negative als positive Eigenschaften hat. In Wirklichkeit jedoch beruhen sowohl Ablehnung und Groll als auch Vernarrtheit auf einer falschen Einschätzung. Indem Sie Ihre Wahrnehmung ins Gleichgewicht bringen und die Person oder Situation im Licht der Wahrheit sehen, überwinden Sie sowohl Ihre Illusion als auch Ihren Groll und empfinden bedingungslose Liebe.

Kürzlich beriet ich einen jungen Mann namens Ken, der sehr wütend auf seine Frau war. Bei unserem ersten Treffen sagte Ken: „Ich weiß nicht, was passiert ist. In der Zeit unserer Verliebtheit war sie meine Traumfrau, und jetzt ist sie mein schlimmster Alptraum!" Ich bat Ken, mir mehr von der Zeit zu erzählen, als er in seine Frau verliebt war, und fragte ihn, was er von ihr als Ehefrau erwartete. Unser Gespräch machte deutlich, daß Ken erwartete, seine Ehefrau müsse sich ganz anders verhalten als seine einstige Freundin. Er trug eine ganze Reihe unausgesprochener Erwartungen und Wünsche in bezug auf ihr Verhalten ihm gegenüber mit sich herum und ärgerte sich darüber, daß sie diese Wünsche nicht erfüllte. Ich führte Ken durch den *Collapse*-Prozeß, um ihm zu helfen, seine Wahrnehmungen ins Gleichgewicht zu bringen und den Wert und die Schönheit seiner Erfahrung zu begreifen. Zum Schluß schrieb er einen Brief an seine Frau, in dem er ihr dafür dankte, daß sie so ist, wie sie ist. Er erkannte, daß sein Groll und sein Schmerz ausschließlich auf seiner verzerrten Wahrnehmung und seinen unausgesprochenen und unrealistischen Erwartungen beruhten.

Die Wahrheit ist ...

Nicht Liebe, sondern ein Mangel an Liebe macht blind.
Glenway Wescott

- Wenn Sie nur das sehen, was Sie an einer Person, Sache oder Situation als positiv wahrnehmen, sind Sie vernarrt, das heißt, Sie leben in einer Illusion.
- Wenn Ihre Erwartungen auf Illusionen beruhen, müssen sie zwangsläufig unrealistisch sein.
- Groll und Enttäuschung sind oft das Resultat von Vernarrtheit und Illusion.
- Wenn Sie Ihre Wahrnehmung ins Gleichgewicht bringen und die Vollkommenheit der Wahrheit anerkennen, erfahren Sie bedingungslose Liebe und Heilung.

Gedanken ...

Die Wahrheit wird euch befreien.   *Johannes 8, 32*

1. Wann waren Sie das letzte Mal „vernarrt" in eine Person, eine Sache oder Situation?
2. Lassen Sie Ihr „geistiges Tonband" zurücklaufen, und hören Sie sich an, was Sie im Zustand der Vernarrtheit über diese Person, Sache oder Situation sagten.
3. Hören Sie sich auf Ihrem geistigen Tonband jetzt an, was Sie über die gleiche Person, Sache oder Situation sagten, nachdem Sie erkannt hatten, daß sie ebenso viele negative wie positive Seiten hat.
4. Fragen Sie sich, was Sie ursprünglich von der betreffenden Person, Sache oder Situation erwartet haben.

... verwirklichen

> Der größte Feind der Wahrheit ist sehr oft nicht die vorsätzliche Lüge, sondern der hartnäckige, suggestive, unrealistische Mythos. *John F. Kennedy*

1. Schreiben Sie den Namen der Person, Sache oder Situation, in die Sie zur Zeit am stärksten „vernarrt" sind, auf ein Blatt Papier.
2. Notieren Sie zehn Charakterzüge oder Eigenschaften, die Sie am Objekt Ihrer Vernarrtheit mögen, und zehn, die Sie nicht mögen.
3. Betrachten Sie sich nun noch einmal die zehn positiven Eigenschaften oder Charakterzüge. Kreisen Sie die ein, die Ihnen Ihrer Meinung nach selbst am meisten fehlt.
4. Notieren Sie drei Situationen, in denen Sie den Charakterzug oder die Eigenschaft, die Ihnen Ihrer Meinung nach fehlt, demonstrierten.

Affirmationen

- Meine Wahrnehmung ist im Gleichgewicht, so daß ich die Wahrheit sehen, anerkennen und lieben kann.
- Ich bin dankbar für meine Fähigkeit, die Ausgewogenheit in all meinen Erfahrungen erkennen zu können.
- Ich zerstöre meine Illusionen und verwandle meinen Groll in Liebe.
- Ich heiße die Schönheit und Heilkraft der bedingungslosen Liebe meines Herzens und meiner Seele willkommen.

17 | *Jeder ist Ihr Spiegel*

> Ein liebevoller Mensch lebt in einer liebevollen Welt.
> Ein feindseliger Mensch lebt in einer feindseligen Welt.
> Jeder Mensch, der dir begegnet, ist dein Spiegel.
>
> Ken Keyes, Jr.

Wer beherrscht Ihr Leben? Es ist gut möglich, daß nicht immer Sie es tun. Seltsamerweise lassen wir oft zu, daß Menschen, in die wir vernarrt sind, und andere, auf die wir wütend sind, unsere Gedanken und Gespräche beherrschen und uns sogar krank machen. Doch wenn wir erst einmal erkannt haben, daß wir selbst all jene Eigenschaften besitzen, die wir an anderen mögen oder ablehnen, werden wir zum Meister unseres Lebens.

Es braucht nicht sehr viel Scharfsinn, um zu erkennen, daß wir uns oft in unsere Gefühle und Meinungen über andere Menschen verstricken. Die meisten Leute verbringen eine Menge Zeit damit, sich über bestimmte Personen zu beklagen und ein Loblied auf andere zu singen. Wir neigen dazu, Menschen abzulehnen, die Charaktereigenschaften aufweisen, welche wir bei uns selbst nicht annehmen können. Andererseits mögen wir Menschen, die Eigenschaften an den Tag legen, die wir auch an uns selbst schätzen. Sie müssen aber nicht zulassen, daß andere Leute ihr Leben beherrschen. Wenn Sie akzeptieren, daß das, was Sie in anderen sehen, eine Spiegelung Ihrer selbst ist, rückt Ihre Befreiung in greifbare Nähe. Sobald Sie erkennen können, in welchen Situationen Sie die gleichen Eigenschaften oder Verhaltensweisen an den Tag legen, die Sie bei anderen ablehnen, beginnen Sie zu entdecken, auf welche Weise diese Eigenschaften Ihnen selbst und anderen dienen. Jede Eigenschaft – ob Sie sie mögen oder nicht – dient einem Zweck. Wenn Sie sich eine Situation ins Gedächtnis rufen, in der Sie Eigenschaften an den

Tag legten, die Sie an anderen mögen und bewundern, erkennen Sie, daß auch Sie diese Eigenschaften besitzen und daß diese Eigenschaften einem Zweck dienen.

Wenn ich darüber spreche, daß andere uns spiegeln, muß ich oft an einen jungen Mann denken, der mich kurz vor seinem ersten Hochzeitstag anrief. Brian erzählte mir wütend von den ständigen Auseinandersetzungen zwischen ihm und seiner Frau. Er sagte, seine Frau Carol sei großartig und sie paßten wirklich wunderbar zusammen, aber er könne Carols beste Freundin Sandy nicht ausstehen. Carol war wütend, weil Brian kaum dazu zu bewegen war, etwas mit Sandy und deren Mann zu unternehmen, und Brian ärgerte sich über Sandys häufige Besuche.

„Da Carol und ich uns so ähnlich sind, sollte man meinen, daß ich mit ihrer besten Freundin gut auskommen müßte, aber mir geht so vieles an Sandy furchtbar auf die Nerven", sagte Brian. Ich erklärte ihm, daß wir alle früher oder später jeden der vielen menschlichen Charakterzüge an den Tag legen – sowohl diejenigen, die wir mögen, als auch die anderen, die wir ablehnen. Manche von uns entwickeln und zeigen vielleicht vorübergehend bestimmte Eigenschaften stärker als andere, aber im wesentlichen verfügt jeder von uns über die gesamte Palette, und deshalb ist jeder, der uns begegnet, unser Spiegel. Um ihm dieses Prinzip zu demonstrieren, bat ich Brian, mir drei Eigenschaften zu nennen, die er an Carol und sich selbst mochte. Er antwortete schnell: „Sie hat eine Menge Energie, sie ist klug und hat Humor."

Als nächstes bat ich ihn, mir drei Eigenschaften zu nennen, die er an Sandy, aber auch an sich selbst nicht leiden konnte. Diesmal ließ er sich mehr Zeit mit der Antwort. „Mir fällt nichts ein", sagte er. Ich bohrte ein wenig nach, und schließlich sagte er: „Also, sie ist ungeduldig, und ich bin auch ungeduldig." „Großartig", sagte ich. „Fallen dir noch zwei ein?"

Nach einer Weile sagte Brian: „Sie will immer die erste sein, die ein neues Lokal oder einen anderen tollen Platz entdeckt, und dann kommt sie zu uns herüber, um damit anzugeben." Auf die Frage, ob er selbst gern derjenige sei, der die neuen Plätze entdecke, erwiderte er, er ginge zwar gern in neueröffnete Restaurants, Geschäfte und Bars, um „die neue Atmosphäre zu schnuppern", wies aber jegliche Angeberei von sich. „Erzählen Sie manchmal anderen von Ihren Entdeckungen oder Abenteuern?" fragte ich ihn. „Nun, ja, normalerweise erzähle ich es zuerst meinem Schwager Bob. Er ist ein ziemlich hohes Tier in einem großen Unternehmen und sehr stolz darauf, die ganzen ‚In-Lokale' der Stadt zu kennen. Es wirft ihn jedesmal um, wenn ich beiläufig erwähne, daß ich einen tollen Abend in einem Lokal verbracht habe, von dem er noch nie gehört hat. He, aber das ist doch keine Angeberei, oder?" Ich beglückwünschte ihn, daß ihm noch zwei Dinge eingefallen waren: der erste sein zu wollen *und* gern ein bißchen zu prahlen. „In Ordnung, also haben Sandy und ich ein paar Gemeinsamkeiten. Was trägt das zur Lösung meines Problems bei?" Ich erklärte Brian, daß wir nur die Charakterzüge oder Eigenschaften bei anderen wahrnehmen, die wir selbst auch haben. Ich machte ihm klar, daß Carol viele seiner ihm angenehmen Eigenschaften widerspiegelt, während Sandy solche Eigenschaften spiegelt, die er an sich selbst nicht mag. „Wenn Sie wieder einmal feststellen, daß Sandy etwas tut, das Sie nicht mögen, fragen Sie sich einmal, wann und wo Sie das gleiche getan haben", schlug ich ihm vor. „Betrachten Sie sich diese Situationen genauer und versuchen Sie herauszufinden, ob irgend jemand auf irgendeine Weise davon profitiert hat." Brian war einen Augenblick still und erwiderte dann: „Sie meinen also, ich könnte herausfinden, auf welche Weise ich von Sandys Verhalten profitiere?" Dann fügte er lachend hinzu: „In Ordnung, aber wenn irgend jemand anders behauptet hätte, Sandy würde mir etwas Gutes tun, hätte ich es vehement abgestritten."

Die Menschen, mit denen Sie in Beziehung stehen, zeigen Ihnen, wer Sie sind, und geben Ihnen letztlich Gelegenheit, sich selbst zu lieben.

> Jede unserer Beziehungen ist wie ein Spiegel, der unsere eigenen Überzeugungen und Glaubenssysteme reflektiert, und gleichzeitig sind wir ein Spiegel für den anderen. Beziehungen sind also eines der wirksamsten Hilfsmittel für unser Wachstum ... Wenn wir unsere Beziehungen ehrlich anschauen, können wir deutlich erkennen, wie wir sie gestaltet haben.
>
> *Shakti Gawain*

- Wenn Sie eine bestimmte Eigenschaft an einer Person mögen, können Sie diese in sich selbst wiederfinden.
- Wenn Sie einen anderen Menschen für seine Kreativität bewundern, sind Sie selbst kreativ – auch wenn Sie Ihre eigenen Fähigkeiten vielleicht noch nicht entdeckt oder anerkannt haben.
- Wenn Sie gern mit einer Person zusammen sind, weil sie so humorvoll ist, besitzen Sie den gleichen Sinn für Humor.

Der Mensch ist so beschaffen, daß er die Gesellschaft jener Leute bevorzugt, die Charakterzüge aufweisen, welche er an sich selbst mag. Das gibt ihm Selbstbestätigung. Wenn wir eine engere Verbindung mit jemandem eingehen, sagen wir Dinge wie: „Wir sind uns so ähnlich." Dabei haben wir allerdings wahrscheinlich eher die „angenehmen" Seiten dieser Person im Blick.

Manchmal schätzen Sie eine Eigenschaft oder Fähigkeit an einem anderen Menschen, weil Sie glauben, diese selbst nicht zu besitzen. Doch wenn Sie sie bei jemand anderem wahrnehmen und anerkennen können, haben Sie sie auch selbst. Wir gehen Beziehungen mit Menschen ein, die uns spiegeln, wer wir sind. Der Sinn einer Ehe oder Beziehung ist nicht das sogenannte „Glück", wie manche Leute meinen, sondern die Selbsterfahrung. Durch unseren Umgang mit unseren Ehepartnern, Freunden, Bekannten und all den Menschen, die uns begegnen, lernen wir etwas über uns selbst. Die Menschen, die uns am stärksten irritieren oder reizen, sollten wir am genauesten beobachten. Sie spiegeln uns jene Dinge über uns selbst, für die wir noch nicht dankbar sind, die wir noch nicht lieben gelernt haben. Da unsere Aufgabe darin besteht zu entdecken, was wir nicht lieben, und zu lernen, es zu lieben, sind die Menschen, die uns am meisten auf die Nerven gehen, oft unsere besten Lehrer.

Vor etwa einem Jahr nahm ein junger Mann namens Steven an einem meiner Seminare teil. Auf der Vorderseite seines T-Shirts war eine wunderschöne handgemalte Rose zu sehen. Als Nancy, eine der Teilnehmerinnen, ihm ein Kompliment darüber machte und ihn fragte, wo er dieses wunderbare Kunstwerk gekauft habe, errötete er. Fast entschuldigend erklärte er, daß er die Rose selbst gemalt habe. „Du bist ein Künstler", rief die Frau. Steven schaute noch verlegener drein und erwiderte: „Oh nein, ich bin kein Künstler. Ich liebe die Kunst und wünschte, ich hätte genug Talent, aber ich bin weit davon entfernt, ein Künstler zu sein."

Nancy und Steven diskutierten weiter, bis ich mich einmischte und erklärte, daß wir kein Talent bei jemand anderem würdigen können, das wir nicht auch selbst besitzen. Als Nancy mir begeistert zustimmte, fragte ich sie, auf welche Weise sie ihre künstlerische Ader ausdrücke. Sie sprach sich selbst jegliches kreative Talent ab. Ich wiederholte das Prinzip, nach dem sie Stevens Kreativität nicht hätte wahrnehmen können, wenn sie nicht auch selbst darüber verfüge. Nach einigem Hin und Her gab Nancy zu, daß sie ein besonderes Talent für kreative Raumgestaltung hatte.

Nur weil Sie im Augenblick kein Experte in einem bestimmten Bereich sind, heißt das noch lange nicht, daß Sie nicht die Fähigkeit besäßen, einer zu werden. Jeder Experte fängt als Amateur an. Heute malt Steven wundervolle Bilder und nutzt auch sein Talent als Fotograf wieder. Er räumt ein, daß es ihm bei der Entwicklung seiner Begabung am schwersten fiel, den Künstler im eigenen Innern wertzuschätzen. Aber es war gleichzeitig auch eine der erleuchtendsten Erfahrungen für ihn. Er möchte eines Tages Kunstwerke schaffen, die gut genug sind, um in Galerien und Museen zu hängen, und er weiß, daß er auf dem Weg ist, sein Ziel zu erreichen. Manchmal fällt es uns schwer zu sehen, daß wir die gleichen Qualitäten und Talente besitzen, die wir an anderen bewundern. Aber es kann eine noch größere Herausforderung sein zu akzeptieren, daß wir auch jene Charakterzüge besitzen, die wir an anderen ablehnen.

Alles, was Sie an anderen wahrnehmen, ist eine Spiegelung Ihrer selbst – ob es Ihnen gefällt oder nicht.

> Meine Frau war einfach unreif. Immer wenn ich in der Badewanne saß, kam sie ins Bad und versenkte meine Schiffchen. *Woody Allan*

• Sie können an anderen nur Dinge wahrnehmen, die Sie auch selbst in sich tragen.
• Wenn Sie sich über jemanden ärgern, den Sie als rücksichtslos empfinden, besitzen Sie auch selbst die Fähigkeit zur Rücksichtslosigkeit.
• Wenn Sie das Verhalten eines anderen Menschen als unangenehm empfinden oder kritisieren, erinnert es Sie an das, was Sie an sich selbst noch nicht lieben.
• Sie lieben sich selbst in dem Maße, wie Sie andere lieben. Sie lieben andere in dem Maße, wie Sie sich selbst lieben.

Vor einigen Monaten kam Martha zu einer Beratung in meine Praxis. Sie erzählte mir, daß ihr Vater gestorben sei und ihre Mutter allmählich in einen Zustand geriet, in dem sie nicht mehr für sich selbst sorgen konnte. Sie hatte das Gefühl, es ihrer Mutter schuldig zu sein, sie in ihre Familie aufzunehmen. Aber schon der Gedanke daran ließ sie zusammenzucken. Martha begann lang und breit über die Fehler ihrer Mutter zu sprechen, bis ich sie schließlich bat, die zehn Eigenschaften zu notieren, die sie an ihrer Mutter am wenigsten ausstehen konnte, und dann diejenige einzukreisen, die sie am meisten haßte. Als die Liste fertig war, stellte ich fest, daß Martha das Wort *Besserwisserin* eingekreist hatte. „Geben Sie mir ein Beispiel. Wie äußert sich die Besserwisserei Ihrer Mutter?" fragte ich. „Da gibt es unzählige Beispiele", erwiderte Martha. „Erst vor ein paar Tagen rief sie mich an, um sich zu erkundigen, was bei meinem letzten Arztbesuch herausgekommen sei. Ich erzählte ihr, daß ich hohen Blutdruck habe, und sie ließ sich lang und breit darüber aus, wie ich leben sollte, was ich essen und nicht essen sollte und daß es mir besser gehen würde, wenn ich ihre Ratschläge annähme." „Waren es kluge Ratschläge?" fragte ich. Martha räumte ein, daß ihre Mutter in einigen Punkten genau das gleiche gesagt hatte wie ihr Arzt, aber dann fügte sie schnell hinzu: „Ich bin vierunddreißig Jahre alt, und meine Mutter kann mir nichts mehr sagen, was ich nicht schon selbst weiß." Ich ließ ihren Satz in der Stille des Raumes nachklingen. Schließlich sagte ich: „Ihre Mutter geht Ihnen also auf die Nerven, weil sie eine Besserwisserin ist, und Sie selbst wissen auch schon alles." „Stimmt genau", sagte sie. „Heißt das, daß Sie auch eine Besserwisserin sind?" fragte ich.

Die Wahrheit befreit uns, aber gewöhnlich macht sie uns erst einmal wütend. Martha und ihre Mutter sind immer noch so unterschiedlich, wie sie zu sein glauben, aber Martha erkannte die Wahrheit der Aussage, daß wir an anderen ablehnen, was wir an uns selbst noch nicht lieben können. Seit ihre Mutter bei ihr eingezogen ist, hat Martha eine Menge über sich gelernt, und obwohl ihr einiges an ihren neuen Erkenntnissen nicht paßt, ist sie doch dankbar dafür, einen so klaren Spiegel zu haben.

Unsere menschlichen Spiegel reflektieren immer unsere eigene Realität. Aber es ist natürlich erst einmal bequemer, andere zu verurteilen oder zu kritisieren, als einen ehrlichen objektiven Blick auf sich selbst zu werfen. Wenn wir wachsen und uns weiterentwickeln wollen, müssen wir allerdings langfristig aus den Spiegelungen der anderen etwas über uns lernen. Manchmal errichtet unser Schmerz und unser Unbehagen jedoch eine Mauer zwischen uns und den Menschen, die wir nicht mögen. Doch ironischerweise haben wir oft um so mehr von einem bestimmten Charakterzug, je vehementer wir ihn bei jemand anderem ablehnen oder kritisieren.

Kürzlich arbeitete ich mit einem Mann namens Paul, dessen Tochter Beth bei einem von einem betrunkenen Autofahrer verursachten Unfall ums Leben gekommen war. Paul gab die Schuld dem betrunkenen Fahrer, gab sich selbst die Schuld, weil er Beth sein Auto geliehen hatte, ja, er gab sogar Gott die Schuld. Er war wütend und wollte Rache. Er sagte, es liege ihm nichts daran, den Fall gerichtlich zu verfolgen, weil kein Gericht der Welt ihm seine Tochter zurückbringen könne. Ich fragte ihn, auf welche Weise Rache ihm seine Tochter zurückbringen könne. Paul erwiderte, er wisse sehr wohl, daß das unmöglich sei, aber er wollte, daß der Mann, der seine Tochter getötet hatte, sich so schlecht fühlte, wie er selbst.

Während unseres Gesprächs sagte Paul, einen anderen Menschen zu töten sei das Schlimmste, was jemand tun könne, und behauptete selbstgerecht, er selbst täte nie etwas, was das Leben anderer gefährden könne. „Sind Sie schon einmal Auto gefahren, nachdem Sie Alkohol getrunken hatten?" fragte ich. „Ja, schon", sagte er, „aber ich war nicht betrunken!" „Wissen Sie, daß bereits ein alkoholisches Getränk Ihr Reaktionsvermögen beeinträchtigt?" fragte ich. „Ein Glas beeinträchtigt mein Reaktionsvermögen kaum! Selbst nach zwei oder drei Gläsern bin ich völlig korrekt gefahren. Der Mann, der meine Tochter auf dem Gewissen hat, war so betrunken, daß er kaum noch laufen konnte!" „Aber könnte es nicht sein, daß zwei oder drei alkoholische Getränke Ihr Reaktionsvermögen so einschränken, daß Sie das Leben anderer gefährden?" fragte ich. Paul stand wütend auf und sagte: „Ich bin nie Auto gefahren, wenn ich zu betrunken war, um eine gerade Linie zu gehen! Ich habe nichts mit dem Mann gemein, der Beth ermordet hat." Innerhalb der nächsten Stunde erkannte Paul, daß er in Wirklichkeit oft Dinge getan hatte, die das Leben anderer hätten gefährden können. Er war nach der Einnahme bewußtseinstrübender Medikamente Auto gefahren und hatte schwere Maschinen bedient – und zwar nachdem er die Warnung auf dem Beipackzettel gelesen hatte. Er erinnerte sich auch daran, daß er nach dem Aufnahmeritual einer Studentenverbindung Auto gefahren war. Damals hatte er im Rahmen seiner „Einweihung" einen halben Liter Wodka getrunken, war dann quer durch die Stadt zu einer Party gefahren, auf der er noch ein paar Gläser Bier getrunken hatte, bevor er schließlich nach Hause gefahren war. Er gab auch zu, daß er manchmal die vorgeschriebene Höchstgeschwindigkeit überschritt und schon ein paarmal spät abends auf dem Heimweg am Steuer eingeschlafen war. Am Ende unserer Sitzung wußte Paul, daß er mehr mit jenem betrunkenen Fahrer gemein hatte, als er sich je hätte träumen lassen. Seine Erinnerungen hatten ihm einen Dämpfer versetzt und ihn traurig darüber gemacht, daß er das Leben anderer und sein eigenes in Gefahr gebracht hatte.

Ich wollte Paul helfen zu erkennen, wie seine Handlungen, ja sogar die Erinnerungen, die ihn traurig machten, ihm und anderen dienten. Also bat ich ihn, sich diese Erinnerungen genauer anzuschauen und an seinem Handeln mindestens einen Aspekt zu entdecken, durch den er oder jemand anders profitiert hatte. Das widerstrebte ihm. Er sagte, er könne nicht glauben, daß seine Entscheidung, mit Alkohol im Blut oder in erschöpftem Zustand Auto zu fahren, ihm oder irgend jemand anderem gedient haben könnte. Also bat ich ihn, darüber nachzudenken, auf welche Weise diese Entscheidungen ihm heute helfen könnten.

Er war einen Augenblick still und begann dann zu weinen: „Ich glaube, ich wußte mein Leben nie wirklich zu schätzen. Ich war jederzeit bereit, Risiken einzugehen, weil ich nicht erkannte, was für ein Geschenk es ist, am Leben zu sein. Aber von jetzt an werde ich sehr viel vorsichtiger abwägen, wann ich Auto fahre und wann nicht, und ich bin sicher, daß das sowohl mir als auch den anderen Verkehrsteilnehmern zugute kommt."

Er erkannte außerdem, wie der Tod seiner Tochter Beth seine Zuneigung zu seinen restlichen Familienmitgliedern und seinen Freunden verstärkt hatte. „Beth hat mir eine neue Chance gegeben", sagte Paul, „die Chance, das zu schätzen, was ich habe, und mich und andere lieben zu lernen. Mein Herz war so verschlossen, aber jetzt spüre ich, daß es offen ist."

Die Wahrheit ist...

Wenn wir in den Spiegel schauen und über das, was wir sehen, lachen können, gibt es noch Hoffnung für uns.
Anonym

- Die vielen „Spiegel" des Lebens sind Ihre Lehrer und Heiler.
- Alles, was Sie klar und im Gleichgewicht sehen können, hört auf, Sie geistig oder körperlich zu beeinträchtigen.
- Sie lieben sich selbst in dem Maße, wie Sie andere lieben.
- Sie lieben andere in dem Maße, wie Sie sich selbst lieben.
- Alles, was Sie bei jemand anderem wahrnehmen – ob Sie es gut oder schlecht finden –, tragen Sie auch in sich selbst.
- Alle Eigenschaften, die Sie an anderen bewundern, besitzen Sie selbst.

- Alle Eigenschaften, die Sie an anderen ablehnen, besitzen Sie selbst.
- Sie können lernen, alle Ihre Wesensanteile zu schätzen und zu lieben. Das ist ein Geheimnis der Heilung.
- Das Leben ist wie eine Filmleinwand: Es wirft alles zurück, was Sie projizieren.

Gedanken ...

Oft wählen wir einen Freund wie eine Geliebte – nicht aufgrund seiner hervorragenden Eigenschaften, sondern einfach, weil er auf irgendeine Weise unserer Eigenliebe schmeichelt.
William Hazlitt

1. Denken Sie an drei Dinge, die Sie einst bei jemand anderem bewunderten und später selbst taten oder erreichten.
2. Haben Sie je in Ihrem Leben geschworen, irgend etwas niemals zu tun, und es dann doch getan?
3. Welche drei Komplimente, die Sie anderen machten, wurden Ihnen auch schon gemacht?
4. Denken Sie an drei Dinge, die Sie an anderen kritisierten und für die Sie auch selbst schon von anderen kritisiert wurden.

... verwirklichen

Selbstbetrachtung ist die Schule der Weisheit.
Baltasar Gracián y Morales

1. Notieren Sie drei Charakterzüge, die Sie an anderen bewundern.
2. Notieren Sie drei Charakterzüge, die Sie an anderen ablehnen.

3. Notieren Sie drei Situationen, in denen Sie die von Ihnen bewunderten Charakterzüge zeigten.
4. Notieren Sie drei Situationen, in denen Sie die von Ihnen abgelehnten Charakterzüge offenbarten.

Affirmationen

- Alles, was ich in anderen sehe, trage ich auch in mir.
- Alles, was ich in anderen sehe, hilft mir, mich zu lieben.
- Alles, was ich in anderen sehe, hilft mir, mich zu heilen.
- Ich liebe das, was mir gespiegelt wird, als meinen größten Lehrer.
- Ich bin dankbar für die vielen „Spiegel" des Lebens.

18 | Alles, was Sie zu anderen sagen, sagen Sie zu sich selbst

> Worüber wir auch sprechen, wir sprechen über uns selbst.
> *Anonym*

Menschen sprechen normalerweise über das, was sie am meisten interessiert. Wenn sie sich für Sport interessieren, sprechen sie über Sport, wenn sie Interesse an Politik haben, sprechen sie über Politik, und wenn sie sich für die Einzelheiten im Leben anderer Leute interessieren, reden Sie über andere Leute. Abgesehen vom Thema betreffen unsere Aussagen über Menschen oder Dinge immer auch uns selbst, wir bringen damit also auch zum Ausdruck, was für uns selbst wichtig ist. Wenn beispielsweise zwei Leute in den Bergen einen schmalen Steg überqueren, redet derjenige, der sagt: „Schau auf keinen Fall nach unten" zunächst einmal beruhigend auf sich selbst ein.

Nach langjähriger Erforschung der menschlichen Sprache und deren Ursprung kamen moderne Linguisten zu dem Schluß, daß unser verbaler Ausdruck sich aus Gedanken und inneren Dialogen entwickelt hat. Es scheint, daß die Sprache ursprünglich mehr unserem Selbstverständnis als der Kommunikation mit anderen diente. Die Worte, die Sie benutzen, die Ratschläge, die Sie geben, und die Themen, die Sie wählen, sind Botschaften, die für Sie selbst genausoviel Bedeutung haben wie für die Menschen, für die sie bestimmt sind. Wenn Sie also eine Krankheit heilen wollen, können Ihnen Ihre eigenen Botschaften wertvolle Einsichten über einige Ihrer Wahrnehmungen vermitteln.

In einem meiner Seminare für persönlichen Erfolg demonstrierte ein Teilnehmer dieses Prinzip ziemlich deutlich. Dieser Mann sagte im Laufe des zehntägigen Workshops zu drei verschiedenen Teilnehmern, sie hätten die Fähigkeiten, erfolgreich ein eigenes Geschäft aufzuziehen. Nach dem dritten Mal fragte ich ihn, was für ein Geschäft er denn gern aufziehen würde. Überrascht schaute er mich an und erwiderte: „Wieso, ich bin doch schon Ingenieur." Ich lächelte und fragte ihn noch einmal: „Was für ein Geschäft würden Sie gern eröffnen?" Er schwieg eine Minute und sagte dann: „Ich würde wirklich gern ein Restaurant aufmachen." Jedesmal wenn dieser Mann zu anderen sagte, sie könnten geschäftlich erfolgreich sein, sagte er es auch zu sich selbst. Wenn Sie also darauf achten, was Sie sagen, erfahren Sie, was *Sie* hören möchten. Diese Erkenntnisse können einerseits unbequem sein, weil sie Ihnen die Augen über sich selbst öffnen, andererseits können sie aber auch zu tieferem Verstehen und größerer Liebesfähigkeit führen.

Hören Sie sich einfach zu

> Würde niemand etwas sagen, bevor er genau wüßte, wovon er spricht, breitete sich eine gespenstische Stille über der Erde aus. *Alan Herbert*

- Die von Ihnen gewählten Worte geben Aufschluß über Ihre Geisteshaltung.
- Wenn Sie der Meinung sind, daß es jemand anderem an einem bestimmten Charakterzug mangelt, fürchten Sie vielleicht, diese Eigenschaft selbst nicht zu besitzen.
- Achten Sie darauf, worüber Sie sich beklagen, und Sie hören Ihre eigenen Rechtfertigungen und Rationalisierungen.
- Wenn Sie sich selbst „immer" oder „niemals" sagen hören, wissen Sie, daß das wahrscheinlich eine Lüge ist.

Wenn Sie häufig sagen „Ich muß dies tun" oder „Ich sollte jenes tun", leben Sie in der Illusion, daß andere Menschen oder äußere Umstände Ihr Leben bestimmen. Hören Sie sich aber sagen „Ich habe mich entschieden, dies zu tun" und „Ich tue gern jenes", so ist das die Stimme der Selbstverwirklichung, der Ausdruck Ihrer inneren Gewißheit, daß *Sie* Ihren Weg wählen. Die meisten Menschen schwanken ständig zwischen ihrer inspirierenden inneren Stimme und den äußeren Stimmen, die oft lediglich die Ängste anderer ausdrücken. Häufig bestimmen Angst und Verzweiflung unser Handeln, weil wir denken, daß irgend etwas in unserem Leben fehlt.

Wenn Sie herausfinden wollen, woran es Ihnen (Ihrer Meinung nach) mangelt, sollten Sie einmal darauf achten, was Sie über die vermeintlichen Mängel anderer Menschen denken und sagen. Legen Sie beispielsweise großen Wert auf Effizienz und arbeiten selbst nicht so effektiv, wie Sie eigentlich gern möchten, können Sie sich vielleicht dabei ertappen, wie Sie sich über die ineffiziente Arbeitsweise anderer beklagen.

Im allgemeinen kann man sagen, daß alles, was Sie an anderen kritisieren, einen Teil Ihrer selbst spiegelt, den Sie noch nicht im richtigen Verhältnis gesehen und noch nicht lieben gelernt haben. Wenn Sie sich darüber beschweren, daß jemand „lügt wie gedruckt", haben Sie mit Sicherheit selbst schon ein paarmal gelogen wie gedruckt. Wenn Sie Ihre Wahrnehmungen im Zusammenhang mit diesen Lügen jedoch ins Gleichgewicht bringen und das Positive an den Lektionen, die Sie dadurch gelernt haben, sehen können, werden Sie die Lügen anderer in Zukunft nicht mehr so hart beurteilen. Je genauer Sie sich die Rechtfertigungen und Rationalisierungen anschauen, die hinter Ihren eigenen Lügen stecken, desto klarer erkennen Sie, was Ihnen im Weg steht und wie Sie es umgehen können.

Zwei der offensichtlichsten Hinweise auf eine Lüge sind die Worte *immer* und *nie*. Jedesmal wenn Sie eines dieser beiden Worte benutzen, sagen Sie nicht die Wahrheit, denn je hartnäckiger Sie behaupten, daß Sie *niemals* etwas Bestimmtes tun werden, desto eher werden Sie es wahrscheinlich tun. Als ich vor ein paar Tagen in einem Juweliergeschäft in San

Diego einen Ring bewunderte, hörte ich eine vertraute Stimme hinter mir und drehte mich um. Da stand Chris, einer meiner Klienten. Er erzählte mir mit breitem Lächeln, daß er gerade dabei sei, einen Verlobungsring für seine Freundin Joyce auszusuchen. Als ich ihm gratulierte, fragte er mich: „Erinnern Sie sich noch daran, was Sie mir bei unserer letzten Begegnung gesagt haben?" Ich überlegte einen Augenblick, und mir fiel ein, daß Chris bei unserem letzten Treffen geschworen hatte, er würde sich nie wieder verlieben. Noch bevor ich antworten konnte, sagte Chris: „Sie sagten damals zu mir, ich würde mich wahrscheinlich um so schneller wieder verlieben, je hartnäckiger ich auf meinem Schwur beharrte – und Sie hatten recht. Ich begegnete Joyce einen Monat, nachdem ich den Frauen abgeschworen hatte."

Hören Sie auf Ihre eigenen Ratschläge

Praktiziere selbst, was du predigst.
Titus Maccius Plautus

- Wenn Sie jemandem einen Rat geben, sollten Sie die darin enthaltene Weisheit auch auf sich selbst anwenden.
- Wenn Sie bei jemand anderem Möglichkeiten zur Weiterentwicklung sehen, sehen Sie diese auch bei sich selbst.
- Wenn Sie jemand anderem raten, sich in eine bestimmte Richtung zu bewegen, möchten Sie vielleicht selbst in diese Richtung gehen.
- Wenn Sie verstehen und akzeptieren, daß Sie ein Ausdruck der Vollkommenheit des Universums sind, werden Sie von bedingungsloser Liebe überwältigt.

Ich fragte einst einen siebenjährigen Jungen namens Nick, was der Spruch „Praktiziere, was du predigst" seiner Meinung nach bedeute. Er erklärte, daß dies bedeutete, man solle niemand anderen zu bestimmten Dingen auffordern, die man nicht selbst zu tun bereit sei. Er gab mir ein Beispiel: „Ich sollte meiner Schwester nicht sagen ‚Räum dein Spielzeug weg‘, wenn ich nicht mein eigenes Spielzeug aufräume." Nick hatte das obengenannte Sprichwort zwar in seiner Essenz verstanden, aber er verstand noch nicht, daß wir anderen normalerweise genau die Dinge predigen, die wir unserer innersten Überzeugung nach eigentlich selbst hören müßten. Deshalb sind die Ratschläge, die wir anderen erteilen, oft auch an uns selbst gerichtet. Es scheint logisch, daß unsere Ratschläge für uns selbst nützlicher und gültiger sind als für andere, denn sie beruhen auf unseren eigenen, individuellen Lebenserfahrungen.

Vor ein paar Jahren konsultierte mich eine alleinerziehende Mutter namens Tamie, die wegen ihrer fünfzehnjährigen Tochter Kristen Rat suchte. Tamie erzählte, sie habe schon alles versucht, um ihre Tochter dazu zu bringen, mehr für die Schule zu tun. Ich fragte Tamie, ob Kristens Versetzung gefährdet sei. „Wie kommen Sie darauf, wieso sollte ihre Versetzung gefährdet sein?" fragte Tamie. „Sie bekommt zwar nicht nur Einsen und Zweien, aber ihre Noten sind auch nicht besonders schlecht", versicherte sie mir. Im Laufe des Gesprächs sagte Tamie, sie befürchte, daß ihre Tochter nicht studieren könne, wenn sich ihr Notendurchschnitt nicht verbesserte. „Sie muß hart arbeiten und wissen, was Vorrang hat", sagte sie. Nachdem ich Tamie eine Weile zugehört hatte, wurde mir klar, daß die Befürchtungen, die sie wegen der Noten ihrer Tochter hegte, ihre eigenen Ängste vor Ablehnung widerspiegelten. Ich fragte Tamie, ob sie die Universität besucht habe. Sie schaute zu Boden und erwiderte: „Nein, aber eines Tages werde ich es tun."

Tamie entdeckte, daß ihr Wunsch zu studieren viel größer war, als sie sich je eingestanden hatte. Jedesmal wenn sie Kristen aufforderte zu lernen, um gute Noten zu bekommen, wünschte sie insgeheim, sie hätte als Schülerin auf den Rat ihrer eigenen Mutter gehört. Tamie räumte ein, daß der von ihr in den vergangenen Jahren ausgeübte Druck die Schulnoten ihrer Tochter nicht beeinflußt hatte. Sie willigte ein, ihre Ratschläge selbst zu beherzigen. Anstatt Kristen Abend für Abend anzutreiben, um sicherzugehen, daß diese ihre Schularbeiten vollständig erledigte, begann Tamie, sich nun selbst hinter die Schulbücher zu klemmen. Sie meldete sich zu einem Kurs an, um sich auf die College-Aufnahmeprüfung vorzubereiten, und beschloß, sich ein paar Colleges in der näheren Umgebung anzusehen.

Als ich ein halbes Jahr später wieder mit Tamie sprach, sagte sie: „Die Aufnahmeprüfungen habe ich mit Bravour bestanden. Jetzt muß ich mich nur noch zwischen zwei verschiedenen Colleges entscheiden." Ich beglückwünschte Tamie zu ihrer großartigen Leistung und fragte nach Kristen. „Das ist das Seltsamste an der ganzen Sache", sagte sie. „Sobald ich aufhörte, sie zum Lernen anzutreiben, fing sie freiwillig damit an. Im letzten Vierteljahr hat sie sogar eine Auszeichnung für gute Leistungen bekommen."

Die Wahrheit ist ...

Es sind nicht viele Worte nötig, um die Wahrheit zu sagen. *Inmuttooyahlatlat (Häuptling Joseph)*

• Oft sprechen Sie laut aus, was Sie eigentlich ganz leise in Ihrem Innern hören müßten.
• Ihre Worte spiegeln Ihr Selbstbild und Ihr Weltbild.
• Wenn Sie anderen Ratschläge erteilen, treffen diese in irgendeinem Punkt auch auf Ihr eigenes Leben zu.
• Sie beklagen sich über die Dinge in Ihrem Leben, die Sie noch nicht angenommen und lieben gelernt haben.

Gedanken ...

> Er gab den Menschen die Sprache, und die Sprache
> schuf das Denken, welches das Maß des Universums ist.
> *Percy Bysshe Shelley*

1. Rufen Sie sich alle Gespräche, die Sie heute führten, ins Gedächtnis, und schauen Sie, ob Sie öfter „muß" und „sollte" sagten als „will" und „mag".
2. Geben Sie sich selbst das Versprechen, von nun an genau auf Ihre Worte zu achten.
3. Wann haben Sie zum letzten Mal geschworen, etwas Bestimmtes *niemals* zu tun?
4. Erinnern Sie sich, wieviel Zeit verstrichen ist, bis Sie es taten.

... verwirklichen

> Lerne, still zu sein. Laß deinen stillen Geist lauschen
> und aufnehmen.   *Pythagoras*

1. Wenn man Sie bitten würde, anderen drei weise Ratschläge zu geben – welche wären das? Schreiben Sie sie auf.
2. Überlegen Sie, auf welche Weise Sie jeden dieser drei Ratschläge auf Ihr eigenes Leben anwenden können. Schreiben Sie auch das auf.
3. Was können Sie an anderen Menschen – oder an einem ganz bestimmten Menschen – am wenigsten leiden? Schreiben Sie es auf.
4. Notieren Sie jetzt drei Situationen, in denen Sie in einem der sieben Lebensbereiche (dem gesellschaftlichen, familiären, beruflichen, finanziellen, physischen, mentalen und spirituellen) die gleiche Eigenschaft zeigten oder das gleiche taten.

Affirmationen

- Wenn ich mit anderen spreche, höre ich auf die verborgene Weisheit in meinen Worten.
- Wenn ich höre, wie ich mich über Menschen oder Dinge beklage, frage ich mich, was ich selbst noch ins Gleichgewicht bringen und lieben lernen muß.
- Ich ändere mein Leben, indem ich meine Worte verändere.
- Ich heile meinen Körper, indem ich mich selbst liebe.
- Ich heile mein Leben, indem ich die Vollkommenheit des Universums anerkenne und liebe.

19 | Die Dinge, an denen es Ihnen Ihrer Meinung nach mangelt, wünschen Sie sich am meisten

Die Kirschen in Nachbars Garten schmecken immer besser als die eigenen.   *Altes Sprichwort*

Viele Menschen empfinden irgendeinen Mangel in ihrem Leben, und gewöhnlich legen sie größten Wert auf das, was ihnen ihrer Meinung nach am meisten fehlt. Wenn sie keinen Partner haben, erscheint ihnen eine gute Beziehung als das Erstrebenswerteste im Leben. Leiden sie an irgendeiner Krankheit oder fühlen sie sich nicht so gesund, wie sie sein möchten, legen sie wahrscheinlich größten Wert auf Gesundheit und Heilung. Glauben sie dagegen, zuwenig Geld zu haben, ist es ihnen am wichtigsten, mehr zu verdienen, und wenn ihnen ihre berufliche Position nicht gut genug erscheint, hat die Suche nach einem besseren Job höchste Priorität.

Mit anderen Worten, was Sie als größten Mangel empfinden, wird zu Ihrem höchsten Wert. Doch die größte Erfüllung finden Sie weder in materiellem Besitz noch durch das Eintreten bestimmter Ereignisse, weder durch eine bessere berufliche Position noch durch andere Menschen. Sie finden sie nirgendwo anders als in Ihrem eigenen Innern. Alles, was Sie außerhalb von sich selbst wahrnehmen können, existiert bereits in Ihnen. Wenn Sie einen bestimmten Charakterzug an einem anderen Menschen schätzen, können Sie sicher sein, daß auch Sie diese Eigenschaft in sich tragen. Das gleiche gilt für materiellen Besitz, denn es geht Ihnen eigentlich nicht so sehr um das Besitzen an sich, sondern um das, was diese Dinge für Sie bedeuten oder repräsentieren. Und Sie können sicher sein, daß Sie das in irgendeiner Form bereits haben.

In einem meiner Seminare für persönlichen Erfolg äußerte eine Frau namens Paula die Überzeugung, daß ihr Leben sich auf wundersame Weise ändern würde, wenn sie nur eine Geschirrspülmaschine besäße. Sie sagte, sie benötige dringend mehr Zeit für sich selbst, und eine Geschirrspülmaschine könne ihre Probleme lösen und ihr ganzes Leben verändern. Ich schlug Paula vor, ihren besessenen Wunsch nach einer Geschirrspülmaschine aus der Distanz zu betrachten und zu relativieren, und erinnerte sie an die Tatsache, daß das Beheben eines Mangels sofort einen neuen in unserem Bewußtsein auftauchen läßt. Vor ein paar Wochen erhielt ich einen Brief von ihr, in dem sie mir folgendes mitteilte: „Sie hatten recht, als Sie sagten, daß nach dem Beheben eines Mangels sofort ein neuer auftaucht. Als ich endlich meine Geschirrspülmaschine bekam und dadurch mehr Freizeit hatte, stellte ich plötzlich fest, daß ich körperlich überhaupt nicht mehr in Form war. Das Wichtigste in meinem Leben ist jetzt, wieder in Form zu kommen." Sie hatte dem Brief ein Foto beigelegt, auf dem sie neben einem Heimtrainer stand. Darüber hatte sie geschrieben:

Die Liebesbeziehung zu meiner Geschirrspülmaschine hat sich etwas abgekühlt. Dieser nette Heimtrainer ist jetzt mein neuer „Lückenfüller".

Je größer der Mangel, desto höher der Wert

Wenn wir ein Problem haben, haben wir einen
Daseinszweck.   *Eric Hoffer*

- Die Dinge, die Ihnen Ihrer Meinung nach fehlen, halten Sie für die erstrebenswertesten.
- In Wirklichkeit besitzen Sie alle Charakterzüge, aber möglicherweise können Sie das noch nicht erkennen.
- Wenn ein Mangel, der höchste Priorität besaß, behoben

wird, zeigt sich der nächste Mangel, dessen Behebung nun zur höchsten Priorität wird.
- Oft messen Sie einem Prinzip größten Wert bei, das Ihnen in einer früheren Lebensphase nicht demonstriert wurde.

Das alte Sprichwort, daß die Kirschen in Nachbars Garten immer besser schmecken als die eigenen, drückt einfach aus, daß stets jene Dinge am erstrebenswertesten für uns sind, an denen es uns unserer Meinung nach mangelt. Vielleicht legen Sie großen Wert darauf, mit humorvollen Menschen zusammenzusein, weil Sie gern lachen, doch die Tatsache, daß Sie den Humor bei anderen wahrnehmen und schätzen können, zeigt Ihnen, daß Sie selbst eine humorvolle Ader besitzen, die Ihnen bisher entgangen sein mag. Die „Mängel" in unserem Leben sind oft die besten Wegweiser. Wir verspüren stets den Drang, unseren vermeintlich größten Mangel zu beheben, selbst wenn wir wissen, daß gleich darauf ein anderer an seine Stelle tritt. Oft sind die Prinzipien, denen wir allergrößten Wert beimessen, nur deshalb so wichtig für uns, weil wir spüren, daß es in unserem eigenen Leben daran fehlt oder fehlte.

Auf einem Flug von Manhattan nach North Carolina saß ich neben einer Frau namens Mary, einer Polizeibeamtin. Ich fragte sie, weshalb sie sich für diesen Beruf entschieden habe, und sie sagte leichthin: „Nun, irgend jemand muß ja dafür sorgen, daß die Gesetze eingehalten werden." Ich spürte, daß mehr hinter dieser Antwort steckte, und fragte sie: „Wer hat in Ihrem Leben ‚das Gesetz gebrochen', Mary?" Mary erklärte mir, es habe in ihrem Leben keine anderen Gesetzesbrecher gegeben als die, die sie ins Gefängnis befördert habe. „Nicht einmal, als Sie jünger waren ... Bevor Sie sich entschlossen, Polizeibeamtin zu werden?" fragte ich. Achselzuckend behauptete sie, sie könne sich an keine erinnern. Im weiteren Verlauf unseres Gesprächs erzählte sie mir, daß sie es meistens mit Fällen häuslicher Gewalt zu tun habe. „Es ist unglaublich, wie viele Menschen Tag für Tag aufgrund häuslicher Gewalt in die Notaufnahmen der Krankenhäuser eingeliefert werden", sagte sie. Als sie mir einen Fall beschrieb, mit dem sie kürzlich zu tun gehabt hatte, wurde ihre Stimme ziemlich laut und emotionsgeladen. „Sie können sich nicht vorstellen, was für Verletzungen ich schon zu sehen bekam", sagte sie. Als ich die Wut in ihren Augen sah, wußte ich, daß sie zu irgendeinem Zeitpunkt ihres Lebens entweder selbst Opfer oder Zeugin familiärer Gewalt gewesen war.

„Mary, wie alt waren Sie, als Sie zum erstenmal mit familiärer Gewalt konfrontiert wurden?" fragte ich. Sie reagierte zunächst überrascht, doch dann füllten sich ihre Augen mit Tränen. „Einmal schlug mein Vater meine Mutter so schlimm, daß ich sicher war, er würde sie umbringen", sagte sie. „Damals war die Polizei keine große Hilfe. Sie wollte sich nicht in sogenannte ‚Familienangelegenheiten' einmischen." Mary schwieg einen Augenblick und schaute mich dann lächelnd an: „He, ich glaube, *es gab* einen ‚Gesetzesbrecher' in meinem Leben." Der früh gewonnene Eindruck, daß ihre Mutter von den Hütern des Gesetzes nicht ausreichend geschützt worden war, erweckte in ihr den Wunsch, diesen Mangel zu beheben, indem sie selbst Polizistin wurde und mit Menschen arbeitete, die in häusliche Gewalt verstrickt waren.

Was uns fehlt, kann uns motivieren

> Jeder Mensch ist davon überzeugt, daß ein größeres Potential in ihm steckt.   *Ralph Waldo Emerson*

- Die illusorische Wahrnehmung, daß es Ihnen an etwas mangelt, kann für Sie eine der am stärksten motivierenden Kräfte werden.
- Was Sie als Mangel empfinden, ist oft das, worauf Sie den größten Wert legen.

- Ein wahrgenommener Mangel ist ein Geschenk, das Ihnen helfen kann, eine weitere Lektion in bedingungsloser Liebe zu lernen.
- In Wirklichkeit mangelt es an nichts.

Wenn wir glauben, daß es in unserem Leben an irgend etwas mangelt, können wir entweder in Selbstmitleid baden oder uns von diesem vermeintlichen Mangel zu neuen Taten inspirieren lassen. Wie dem auch sei – in Wirklichkeit mangelt es an nichts, auch wenn manches erst in unerkannter Form existiert oder noch im Unbewußten schlummert. Alles, was uns unserer Meinung nach fehlt, gibt uns Gelegenheit, eine weitere Lektion in bedingungsloser Liebe zu lernen. Bei einer Beratungssitzung sagte eine Frau namens Theresa zu mir: „Als ich noch allein lebte, dachte ich, ich müßte unbedingt eine Liebesbeziehung haben, um glücklich zu sein. Jetzt habe ich eine Liebesbeziehung und bin immer noch nicht glücklich." Sie erzählte, daß noch vor wenigen Jahren die Suche nach ihrem „Seelenpartner" höchste Priorität in ihrem Leben gehabt hatte. Sie war so sicher gewesen, daß ihr Gefühl des Mangels verschwinden würde, wenn sie nur dem „Richtigen" begegnete. Sie wandte sich an verschiedene Heiratsinstitute und traf sich mit einem Mann nach dem anderen. Nach einigen Monaten begegnete sie Matt, mit dem sie nun seit einem halben Jahr zusammen ist. Doch plötzlich entdeckte Theresa einen neuen Mangel in ihrem Leben:

Meine Arbeit langweilt mich zu Tode, sie bringt mir einfach keine Erfüllung. Ich glaube, ich wäre viel glücklicher, wenn ich einen Job finden könnte, der mich wirklich interessiert. Oder vielleicht sollte ich ein Kind bekommen. Vielleicht würde mich das glücklich machen.

Ich erklärte Theresa, daß ihre Suche nach dem Glück sie meiner Meinung nach in einen Teufelskreis führte. Dann bat ich sie, in ihrem Inneren nach einer Aufgabe oder Mission zu suchen, die sie gern erfüllen würde, und sich davon leiten zu lassen. „Sie werden immer Glück und Trauer erleben, Theresa, aber wenn Sie auf Ihre Lebensaufgabe oder Ihr Lebensziel hinarbeiten, haben Sie einen festeren Stand im Leben und können besser mit beiden Seiten umgehen." Theresa erkannte später, daß es ihr Lebensziel war, Kindern zu helfen.

Die Wahrheit ist ...

Du hast schon alles, was dein Herz begehrt.
Altes Sprichwort

- Ihre größten Mängel bringen Ihre größten Werte hervor.
- Sie streben nach Dingen, an denen es Ihnen Ihrer Meinung nach mangelt.
- Es mangelt an nichts.
- Die Hierarchie Ihrer Werte gibt Ihr Ziel vor.

Gedanken ...

Viele von uns bringen die Hälfte ihrer Zeit damit zu, sich Dinge zu wünschen, die sie haben könnten, wenn sie nicht die Hälfte ihrer Zeit mit Wünschen verschwenden würden. *Alexander Woollcott*

1. Wann haben Sie das letzte Mal etwas gekauft oder getan, weil Sie glaubten, es würde Ihnen Erfüllung bringen.
2. Fragen Sie sich, wie sich Ihr Leben verändert hat, seit Sie das kauften oder taten, woran Sie sich gerade erinnerten.
3. Erinnern Sie sich an einen Kindheitswunsch, der Ihrer Meinung nach damals nicht erfüllt wurde.
4. Auf welche Weise haben Sie sich diesen Wunsch später erfüllt oder arbeiten jetzt an seiner Erfüllung?

... verwirklichen

> Wenn du nicht bekommst, was du willst, ist das entweder ein Zeichen dafür, daß du es nicht wirklich willst oder daß du versucht hast, um den Preis zu feilschen. *Rudyard Kipling*

1. Schauen Sie sich sieben Bereiche in Ihrem Leben genau an (Ihren Freundeskreis, Ihre Familie, Ihre berufliche und finanzielle Situation, Ihren körperlichen, geistigen und spirituellen Zustand) und finden Sie heraus, woran es Ihrer Meinung nach am meisten mangelt. Schreiben Sie diesen Mangel auf ein Blatt Papier.
2. Notieren Sie zehn Vorteile dieses Mangels oder zehn Wege, auf denen dieser Mangel Ihnen nützt oder Sie etwas lehrt.
3. Überlegen Sie, wo in Ihrem Leben das, woran es Ihnen Ihrer Meinung nach mangelt, in irgendeiner Form vorhanden ist. Denken Sie darüber nach, wo und wann Sie die Dinge, an denen es in Ihrem Leben anscheinend fehlt, in Wirklichkeit haben. Geben Sie nicht auf, bis Sie es entdecken.
4. Schreiben Sie einen Brief, in dem Sie sich selbst für die Lektionen und Geschenke danken, die dieser Mangel mit sich brachte.

Affirmationen

- Ich bin dankbar dafür, daß ich meine Mängel wahrnehme, weil sie mir helfen, meine Werte zu definieren.
- Ich bringe meine Wahrnehmungen ins Gleichgewicht, damit ich erkennen kann, daß es in Wirklichkeit an nichts mangelt.
- Ich bin eins mit allem, was ist.

- Alles, was ich außerhalb von mir wahrnehmen kann, existiert auch in meinem Inneren.
- Ich fülle meinen Körper mit heilender Energie.
- Ich fülle mein Leben mit der Heilkraft der Liebe.

20 | *Alles, wovor Sie weglaufen, begegnet Ihnen an der nächsten Ecke wieder*

> Sei kein Sklave deiner eigenen Vergangenheit,
> spring ins kalte Wasser, tauche tief und schwimme weit,
> so daß du mit Selbstachtung, neuer Kraft
> und großer Erfahrung zurückkehrst, die Vergangenheit
> verstehst und sie von einer höheren Warte aus
> sehen kannst. *Ralph Waldo Emerson*

Wie weit wir auch laufen und wie gut wir auch lügen, wir können unseren Ängsten nicht entkommen, weil sie unserem Innern entspringen. Wenn wir versuchen, vor unseren Ängsten davonzulaufen, laufen wir ihnen oft direkt in die Arme. Deshalb werden wir immer wieder mit der gleichen Art von Menschen, Bedingungen, Situationen und Krankheiten konfrontiert. Wir ziehen so lange immer wieder die gleichen Lektionen an, bis wir ihre Botschaften verstehen, ihre Geschenke würdigen und unsere einseitige Wahrnehmung in ein perfektes Gleichgewicht gebracht haben. Haben wir erst einmal die Wahrheit erkannt, die hinter einer bestimmten Lektion steckt, und die Realität mit bedingungsloser Liebe angenommen, so haben wir diese Lektion gelernt und brauchen sie nicht länger in unser Leben zu ziehen.

Manche Menschen versuchen, vor ihren Ängsten davonzulaufen, indem sie sie verleugnen, doch hinter dieser Lüge steckt die Furcht. Es gibt viele verschiedene Ängste, die uns zum Lügen verleiten, doch welche Gründe wir auch haben mögen, sobald wir etwas verleugnen, entsteht in uns, bewußt oder unbewußt, ein Schuldgefühl. Nach und nach nehmen diese Ängste und Schuldgefühle immer mehr Raum in unserem Denken ein und beginnen ein Eigenleben zu führen. Von dem Augenblick an, in dem wir lügen, beginnt die Lüge unser

Leben zu beherrschen, und wir ziehen unweigerlich das an, was wir fürchten oder wovor wir flüchten wollten.

Als ich einmal in einem New Yorker Café auf einen Freund wartete, traf ich einen Mann namens Jim, einen Therapeuten, der mit Jugendlichen arbeitete. Er half ihnen, ein Gefühl für ihren eigenen Wert zu entwickeln, und ermutigte sie, zu ihren eigenen Überzeugungen und Entscheidungen zu stehen. Ich fand das interessant und fragte ihn, was ihn dazu bewogen habe, diese Art von Arbeit zu wählen. Er erzählte mir folgende Geschichte:

Also, ich glaube, das hängt mit einem Schlüsselerlebnis zusammen, das ich mit sechzehn Jahren hatte. An einem kalten Oktoberabend, meine Mutter und mein Vater waren nicht in der Stadt, nahm ich heimlich das Auto meines Vaters, holte meine Freundin ab und fuhr mit ihr zu unserem Drive-In-Restaurant, das damals Treffpunkt für Jugendliche der ganzen Stadt war. Direkt nach unserer Ankunft rasten drei Wagen mit quietschenden Reifen auf den Parkplatz. In den Autos saßen mehrere junge Männer, die nun alle ausstiegen. Zwei von ihnen waren mir noch bestens bekannt von einer Schlägerei, die ein paar Wochen zuvor nach einem Fußballspiel ausgebrochen war. Sie kamen aus einer nahen Kleinstadt und waren die Art von Typen, um die ich gewöhnlich einen Bogen machte.

Jim hatte kaum den Gedanken „Bitte, lieber Gott, laß sie nicht hier herüberkommen" zu Ende gedacht, als drei der Typen langsam herüberschlenderten und sich an sein Auto lehnten. Ein Wort gab das andere, und nach ein paar Minuten hatte er sich mit ihnen zu einem privaten Autorennen verabredet. „Ich hatte so etwas noch nie gemacht, und es war ungefähr das Letzte, was ich tun wollte, aber ich hatte Angst, als Feigling dazustehen." Seine Freundin Beth versuchte, ihn von seinem Vorhaben abzubringen, aber er hatte das Gefühl, es tun zu müssen. Also fuhr er später, nachdem er Beth nach Hause gebracht hatte, zum vereinbarten Treffpunkt an der

Landstraße. Er wollte früher dort sein als die anderen und ein bißchen üben, bevor sie kamen.

Als ich bei meiner zweiten Probefahrt die Landstraße entlangraste, lief mir ein Reh vors Auto. Ich trat auf die Bremse, hupte, und irgendwie gelang es mir, dem Reh auszuweichen. Doch plötzlich wurde mir klar, daß es überhaupt nicht feige war, bei so einem verrückten Landstraßenrennen nicht mitzumachen. Im Gegenteil, es war mutig und verantwortungsvoll. Also nahm ich all meinen Mut zusammen und wartete auf die anderen Jungs, um ihnen zu sagen, daß ich mich entschieden hatte, nicht an dem Rennen teilzunehmen.

Jim erzählte, er sei gleichzeitig ruhig und aufgeregt gewesen und habe sich, je länger er wartete, mit seiner Entscheidung immer besser gefühlt. Es war ihm gleich, wie die anderen reagieren würden.

Seltsamerweise tauchte niemand auf. Am nächsten Tag erfuhr ich, daß etwa eine Stunde vor unserem verabredeten Rennen in der Stadt eine Schlägerei ausgebrochen war. Vier der betreffenden Jugendlichen waren verhaftet worden, die anderen hatten sich aus dem Staub gemacht. Ich glaube, damals habe ich die Lektion gelernt, daß wir niemals irgend etwas tun müssen, um zu beweisen, daß wir mutig sind. Wir müssen einfach nur mutig genug sein, das zu tun (oder nicht zu tun), was wir als richtig (oder falsch) erkannt haben. Und das versuche ich heute den Jugendlichen zu vermitteln, mit denen ich arbeite.

Was Sie fürchten, kommt auf Sie zu. Das, wovor Sie fliehen, folgt Ihnen.

Wenn man sich gegen die Angst verteidigt,
wird man mit Sicherheit eines Tages von ihr besiegt.
Man muß sich der Angst stellen.   *James Baldwin*

- Wenn Sie Ihren Ängsten Aufmerksamkeit und Energie geben, ziehen Sie die Dinge, die Sie fürchten, wie ein Magnet an.
- Ängste sind großartige Lehrmeister, wenn Sie bereit sind, ihre Lektionen zu lernen.
- Wenn Sie vor einer Person oder Situation weglaufen, begegnet Ihnen an der nächsten Ecke eine ähnliche Person oder Situation.
- Sie können nicht vor sich selbst weglaufen.

Die Schule des Lebens belehrt uns mit liebevoller Hartnäckigkeit und gibt uns viele Gelegenheiten, zu wachsen und zu lernen. Wir ziehen jene Lektionen in unser Leben, auf die wir uns am stärksten konzentrieren, und bewegen uns in die Richtung, die unsere vorherrschenden Gedanken vorgeben. Indem wir uns auf Liebe und Dankbarkeit konzentrieren, schaffen wir ein Energiefeld, das mehr Liebe und Dankbarkeit anzieht. Konzentrieren wir uns aber auf unsere Ängste, erzeugen wir ein Energiefeld, das Ängste anzieht. Und ob Sie es glauben oder nicht – auch das bringt uns weiter! Wir erhalten so mit Sicherheit unbegrenzt viele Gelegenheiten, lieben zu lernen.

Jedesmal wenn wir uns mit der Lektion oder Ursache einer bestimmten Angst auseinandersetzen, geben wir uns selbst die Chance, zu wachsen und eine neue Stufe der Erkenntnis zu erreichen. Wenn wir unsere Wahrnehmungen in bezug auf die mit dieser Angst verbundenen Vorteile und Nachteile ins Gleichgewicht bringen, gelangen wir zu einem tieferen Verstehen, das uns aus der Angst in einen Zustand bedingungsloser Liebe führt.

Connie, eine Frau, die vor einigen Jahren am *Breakthrough*-Prozeß teilnahm, war damals gerade dabei, die Einzelteile ihres finanziellen Puzzles neu zusammenzufügen. Zwei Jahre zuvor hatte sie Konkurs anmelden müssen, und diese Niederlage hatte sie immer noch nicht verwunden. Sie sagte: „Ich hatte immer Angst davor, mit meinem Geschäft bankrott zu gehen, aber als sich die Katastrophe dann wirklich anbahnte, konnte ich einfach nicht damit umgehen." Connie erklärte, daß sie, anstatt sich der Realität ihrer Situation zu stellen, so lange Vermeidungsstrategien aufrechterhalten hatte, bis ihre Bankrotterklärung unvermeidlich war. Als wir ihre Situation in der Gruppe besprachen, konnte sie allmählich erkennen, daß sie ihre geschäftlichen und finanziellen Entscheidungen jahrelang auf Angst und Verzweiflung statt auf Liebe und Inspiration gegründet hatte. Noch vor Ende des Seminars brachte sie ihre Dankbarkeit für die positiven Lektionen zum Ausdruck, die sie durch ihren Bankrott letztendlich erhalten hatte.

Jede Lüge geht mit Angst und Schuldgefühlen einher

> Nichts fällt dem Menschen leichter, als sich selbst zu belügen. *Benjamin Franklin*

- Hinter einer Lüge steckt Angst, nicht Unehrlichkeit.
- Angst blockiert unsere Vorstellungskraft.
- Jede Lüge sät die Samen der Schuld.
- Schuld blockiert das Gedächtnis.

Menschen lügen nicht, weil sie unehrlich sind, sondern sie sind unehrlich, weil sie Angst vor der Wahrheit haben. Deshalb geht jeder Lüge eine bestimmte Angst voraus. Wir entscheiden uns für die Lüge, weil wir überzeugt sind, daß die Wahrheit eine Reaktion hervorruft, die wir fürchten und vermeiden wollen. Auf jede Lüge folgt ein Schuldgefühl, weil unser inneres Wesen sofort erkennt, daß wir eine Gelegenheit, lieben zu lernen, gemieden und einen weiteren Widerstand in uns aufgebaut haben.

Wir alle erzählen Lügen, die unser Leben früher oder später auf die eine oder andere Weise beherrschen, und am Ende stellen wir fest, daß es klüger gewesen wäre, gleich die Wahrheit zu sagen.

Ich hörte einmal eine Geschichte über einen Mann namens Larry, der einem zukünftigen Arbeitgeber aus schierer Verzweiflung heraus vorgelogen hatte, einen Doktortitel in Betriebswirtschaft zu besitzen. Er bekam die Stelle, lebte aber ständig in der Angst vor Entdeckung und machte sich zusätzlich ständig Vorwürfe, weil er eine Lüge erzählt hatte, die ihn ununterbrochen verfolgte. Je länger er in der Firma beschäftigt war, desto mehr Blüten trieb seine Lüge. Er mußte den Zeitpunkt der Verleihung, die Universität und die Namen seiner Professoren erfinden und sorgfältig darauf achten, daß seine Geschichte in allen Aspekten zusammenpaßte. Nach ein paar Jahren hielt er die Angst und Anspannung nicht mehr aus und wechselte die Firma.

Die Wahrheit ist ...

Das einzige, wovor wir Angst haben müssen,
ist die Angst selbst. *Franklin D. Roosevelt*

- Sie können nicht vor sich selbst davonlaufen.
- Ihre Ängste sind Ihre großartigsten Lehrer.
- Wenn Sie sich bei einer Lüge ertappen, beruhen Ihre Worte auf Angst.
- Ihre Lügen beherrschen Ihr Leben.

Gedanken ...

Als ich jung war, konnte ich mich an alles erinnern,
egal, ob es wirklich geschehen war oder nicht.
Mark Twain

1. Erinnern Sie sich an eine Zeit in Ihrem Leben, wo Sie versuchten, vor einer Angst davonzulaufen, und ihr direkt in die Arme liefen.

2. Erinnern Sie sich an eine Lüge, die Sie erst kürzlich erzählten, und fragen Sie sich, welche Angst Sie daran hinderte, die Wahrheit zu sagen.
3. Denken Sie an eine Lüge, die Ihr Leben eine Zeitlang auf irgendeine Weise beherrschte.
4. Erinnern Sie sich an eine Lüge, die Schuldgefühle in Ihnen auslöste. Rufen Sie sich mindestens eine Lektion ins Gedächtnis, die Sie aufgrund dieser Erfahrung lernten.

... verwirklichen

> Wir sind so daran gewöhnt, vor anderen eine Maske zu tragen, daß wir uns schließlich selbst nicht mehr erkennen. *François, Duc de la Rochefoucauld*

1. Notieren Sie drei Situationen, Ereignisse oder Wahrheiten, vor denen Sie davonlaufen möchten.
2. Kreisen Sie die Situation, das Ereignis oder die Wahrheit ein, die Ihr Leben am meisten beherrscht.
3. Notieren Sie zehn Vorteile und zehn Nachteile dieser Angst.
4. Öffnen Sie Ihr Herz und lernen Sie die mit dieser Angst verbundenen Lektionen lieben. Schreiben Sie einen kurzen Brief an sich selbst, in dem Sie sich für Ihre Bereitschaft danken, die positiven und die negativen Seiten Ihrer Angst im Gleichgewicht zu sehen. Selbst Ängste und auch Lügen bringen Sie letztendlich auf den Weg der Wahrheit.

Affirmationen

- Ich bin dankbar für die Möglichkeiten und Chancen, die meine Ängste mir bieten, denn sie helfen mir, bedingungslos lieben zu lernen.

- Ich bin gleichermaßen dankbar für meinen Mut und für meine Angst.
- Ich stelle mich meinen Ängsten und liebe die Lektionen, die ich durch meine Begrenzungen lerne.
- Ich beachte die Ängste meines Körpers und lerne die in ihren Botschaften verborgene Weisheit lieben.
- Ich öffne mein Herz für die Liebe im Hier und Jetzt.

21 | Ihre Lebensqualität hängt von der Qualität Ihrer Fragen ab

Um dich selbst zu finden, mußt du selbst denken.
Sokrates

Zwar haben viele Menschen bereits entdeckt, wer sie sind und warum sie hier sind, doch die meisten sind immer noch auf der Suche nach Antworten auf diese Fragen. Wenn Sie die Antworten finden, können Ihre Seele und Ihr Körper heil werden. Seit Anbeginn der Geschichte haben sich Menschen immer wieder vier grundlegende Fragen gestellt:
Wer bin ich?
Warum bin ich hier?
Woher komme ich?
Wohin gehe ich?

Unsere individuellen Glaubenssätze und Überzeugungen oder unsere Antworten auf diese Fragen bilden die Grundlage für alle weiteren Fragen, die wir in unserem Leben stellen, und es scheint mir, daß die Qualität unserer Fragen unsere Lebensqualität bestimmt. Wenn Sie glauben, daß Sie einfach nur eine sterbliche Kreatur sind, werden Ihre Fragen und Visionen durch die Sterblichkeit eingeschränkt. Glauben Sie aber, daß Ihr wahres Wesen eine unsterbliche Seele ist, dann sind auch Ihre Fragen und Visionen expansiv und unsterblich. Menschen, die von ihrer Unsterblichkeit überzeugt sind, sehen über die Grenzen hinaus, die viele andere ziehen. Oft gelingen solchen Menschen großartige Entdeckungen oder Erfindungen, die die Welt dauerhaft verändern. Sie stellen sich kluge und inspirierende Fragen – und glauben, daß sie die Antworten finden werden.

Schon mit sechzehn Jahren fragte sich Albert Einstein: *Wie würde das Universum aussehen, wenn es auf einem Lichtstrahl reiste?* Diese Frage führte ihn schließlich zu seiner Relativitätstheorie, die unsere Vorstellungen von Energie, Zeit und Raum grundlegend veränderte.

Als Elizabeth Blackwell sich fragte, wieso alle Ärzte Männer waren, und zu dem Schluß kam, daß es dafür keinen vernünftigen Grund gab, begann sie Medizin zu studieren und erwarb im Jahre 1849 als erste Frau der Vereinigten Staaten den Doktortitel der Medizin. Orville und Wilbur Wright spielten mit dem Gedanken, eine Maschine zu konstruieren, mit der sich Menschen in die Lüfte erheben könnten. Sie erfanden das erste amerikanische Flugzeug. Das sind nur drei von unzähligen Beispielen dafür, daß manche Menschen sich Fragen stellen, die tiefer und weiter reichen als die allgemein üblichen.

Viele der klügsten Köpfe unserer Zeit stellten faszinierende Fragen und fanden tiefgründige Antworten, die unser Weltbild verändern. Solchen Fragen entsprang beispielsweise die Theorie, daß unser Bewußtsein aus einer Wolke geladener Lichtteilchen besteht. Einige Physiker näherten sich mit ihren Studien bestimmten Bereichen der Theologie und sind inzwischen überzeugt, daß Unsterblichkeit wissenschaftlich nachweisbar ist. Noch vor ein paar Jahren hätten sich viele über solche Schlußfolgerungen lustig gemacht, und sicher tun das auch heute noch einige. Diejenigen aber, die auf ihre innere Stimme hören und dem Weg folgen, den ihre Fragen und ihr Staunen ihnen weisen, finden inspirierende Antworten, die wiederum noch faszinierendere Fragen aufwerfen.

Ihre Fragen bestimmen die Richtung Ihres Lernprozesses

> Es ist wichtig, daß die Studenten mit einer gewissen unbekümmerten Respektlosigkeit an ihre Studien herangehen. Sie sind nicht hier, um das bereits existierende Wissen anzubeten, sondern, um es in Frage zu stellen.
> *Jacob Bronowski*

- Sie lernen etwas über die Menschen, Orte, Dinge, Ereignisse, Überzeugungen und Vorstellungen, die Sie in Frage stellen.
- Ihre Fragen werden durch Ihr Lebensziel aufgeworfen.
- Ihre Seele ermutigt Sie, etwas über die Dinge zu lernen, die Sie am meisten faszinieren.
- Wenn Sie Ihr Bewußtsein erweitern wollen, müssen Sie das Undenkbare denken.

Die Fragen, die Sie stellen, weisen auf das hin, was Sie lernen wollen, und die Fragen, die Sie inspirieren, kommen aus Ihrem Herzen. Herauszufinden, was Sie gern lernen würden, kann Ihnen also helfen, Ihre Lebensaufgabe zu entdecken, und das wiederum kann Ihnen zeigen, wer Sie sind, wohin Sie gehen und warum Sie hier sind.

Je weiter Sie Ihr Bewußtsein ausdehnen, desto stärker entwickeln sich Ihre Vorstellungskräfte und desto mehr können Sie entdecken. Ihr Bewußtsein dehnt sich aus, indem es über das Scheinbare hinausgeht, um das zu erforschen und anzuerkennen, was wirklich *ist*. Diese Art des Schauens und Fragens inspirierte mich letztendlich dazu, den *Collapse*-Prozeß zu entwickeln. Ich war entschlossen, über die Grenzen existierender Theorien hinauszugehen und eine wiederholbare Methode zu entwickeln, die Menschen darin unterstützt, ihr Herz für die Weisheit ihrer Seele zu öffnen. Ich sah vor meinem geistigen Auge einen Prozeß, der den Leuten einen Quantensprung in ihrer persönlichen Entwicklung ermöglichen würde. Meine Fragen inspirierten mich dazu, mich von ganzem Herzen meinen Forschungen in den Bereichen Biologie, Biophysik, Mathematik und Chemie zu widmen. Auch faszinierten mich Wissensgebiete wie Genetik, Psychologie, Theologie und Astronomie, und meine innere Stimme sagte mir immer wieder, daß alle echten Wissenschaften und Religionen durch einen roten Faden miteinander verbunden sind. Ich forschte Tag und Nacht und verband die Informationen aus den verschiedenen Wissensgebieten miteinander. Damals las ich praktisch alles, was mir in die Hände fiel.

Im Rahmen dieser intensiven Studien stieß ich unter dem Stichwort „Quantenphysik" auf wunderbare Forschungsarbeiten über Schwerkraft, elektromagnetische Felder und atomare Kräfte. Vieles von dem, was ich las, bezog sich auf das „Kollabieren" von Wellen oder Teilchenfunktionen. Aus irgendeinem Grund hatte der Begriff „Kollaps" eine besondere Bedeutung für mich. Als ich mir das genauer betrachtete, erkannte ich schließlich die tiefe Weisheit der alten Hermetiker, welche die universellen Gesetze der Dualität und Harmonie bereits verstanden hatten. Diese Gesetze bilden die Basis des *Collapse*-Prozesses.

Als ich dann feststellte, daß der *Collapse*-Prozeß scheinbare Disharmonie und scheinbares Chaos in vollkommene Harmonie und Ordnung transformieren und zur Leichtigkeit bedingungsloser Liebe führen kann, weinte ich echte Tränen der Dankbarkeit. Noch heute bin ich dankbar für die Gelegenheit, diese Methode mit anderen teilen zu können. Jedesmal wenn sich das Herz eines Menschen für die Weisheit und Leichtigkeit seiner Seele öffnet und er die vollkommene Harmonie bedingungsloser Liebe erfährt, empfinde ich Dankbarkeit.

Untersuchen Sie Ihre Glaubenssätze

> Willst du ein echter Wahrheitssucher sein, mußt du zumindest einmal im Leben alle Dinge so weit wie möglich anzweifeln. *René Descartes*

- Viele Ihrer Überzeugungen und Glaubenssätze haben sich herausgebildet, bevor Sie alt genug waren zu erkennen, daß Sie da eine Mischung aus Theorie und Wahrheit gelernt haben.
- Wenn Sie Ihre Überzeugungen und Glaubenssätze bis zu ihrem Ursprung zurückverfolgen, können Sie das Muster Ihres Lebens klarer erkennen.
- Stellen Sie Aussagen in Frage, die Sie normalerweise automatisch als wahr akzeptieren.
- Gehen Sie den faszinierenden Fragen Ihres Herzens nach.

Viele jener Glaubenssätze, die unser Leben am stärksten beeinflussen, werden von Generation zu Generation weitergegeben. Wenn Sie sich einige Ihrer Glaubenssätze näher betrachten, werden Sie mit einiger Wahrscheinlichkeit feststellen, daß Sie nicht einmal wissen, warum Sie an diese Grundsätze glauben. Wenn Sie Ihre Überzeugungen und Glaubenssätze in Frage stellen, werden Sie manches lernen und an Klarheit gewinnen. Außerdem geben Sie sich dadurch selbst Gelegenheit, die Glaubenssätze, Situationen und Beziehungen hinter sich zu lassen, die nicht mit Ihrer inneren Wahrheit übereinstimmen.

Vor vielen Jahren sah ich am Eingang zur Bibliothek des Wharton College einen Mann stehen, der religiöse Traktate an die Vorbeigehenden verteilte und versuchte, sie von seiner Religion zu überzeugen. Als ich die Bibliothek betreten wollte, um Kopien der Originalschriften Ghandis zu studieren, kam dieser Mann auf mich zu und bat mich, nicht hineinzugehen. Als ich ihn nach dem Grund fragte, erwiderte er:

„Eine Bibliothek ist ein schlechter Ort. Wenn Sie dieses Gebäude betreten, betreten Sie das Reich des Teufels. Das einzige Buch, das Sie überhaupt lesen müssen, ist die Bibel. Ich habe all die anderen Bücher gelesen. Sie sind absolut wertlos."

Ich fragte diesen Mann, der kaum älter als zwanzig Jahre sein konnte, wie er es fertiggebracht habe, all diese Bücher zu lesen und zu seiner Schlußfolgerung zu gelangen. „Das ist unwichtig", erwiderte er. Aufgrund seiner Art zu antworten fragte ich mich, ob er überhaupt die ganze Bibel gelesen hatte – eine bedeutsame Frage, zeigte sie mir doch, wie wichtig es war, mir bei meinen Studien keinerlei Einschränkungen aufzuerlegen. Außerdem regte sie mich dazu an, mich intensiv mit vielen Wissenschaften, Philosophien und Theologien auseinanderzusetzen und die Bibel noch einmal zu lesen. Ich stellte fest, daß eine inspirierte Frage stets zu einer weiteren führt, und diese Fragen bestimmen noch heute meine tiefsten Lernprozesse.

Die Wahrheit ist ...

Ein Mensch sollte nach dem Ausschau halten, was ist, und nicht nach dem, was seiner Meinung nach sein sollte. *Albert Einstein*

- Ihre Fragen bestimmen die Richtung Ihrer Suche.
- Wenn Sie Ihre Überzeugungen und Glaubenssätze untersuchen, erlangen Sie Klarheit und Gewißheit.
- Eine inspirierte Frage führt zu einer weiteren.
- Große Wahrheiten werden ins Lächerliche gezogen und bekämpft, bevor sie schließlich als selbstverständlich betrachtet werden.

Gedanken ...

Ihre Fragen weisen auf die Tiefe Ihrer Überzeugungen hin. Betrachten Sie sich die Tiefsinnigkeit Ihrer Fragen.
John und Lynn St. Clair Thomas

1. Rufen Sie sich einen Glaubenssatz ins Gedächtnis, den Sie einst vertraten, inzwischen aber nicht mehr für wahr halten.
2. Denken Sie an eine Aussage, die Sie ganz selbstverständlich für wahr halten, und fragen Sie sich, wieso Sie daran glauben.
3. Denken Sie an eine Aussage, die Sie anderen gegenüber als Tatsache vertraten, die sich später aber als unrichtig erwies.
4. Denken Sie an eine Frage, die Sie schon häufig beschäftigte, und nehmen Sie sich mindestens eine Stunde Zeit, um durch Lesen oder auf andere Weise eine Antwort darauf zu finden.

... verwirklichen

Suche stets in deinem Innern nach einer Antwort.
Laß dich nicht von den Menschen in deiner Umgebung beeinflussen – weder durch ihre Gedanken noch durch ihre Worte. *Eileen Caddy*

Schreiben Sie drei Ihrer festesten Überzeugungen auf ein Blatt Papier. Schreiben Sie unter jede, weshalb Sie daran glauben und wann Sie begannen, daran zu glauben.

Affirmationen

- Ich lerne durch meine inspirierten Fragen.
- Ich denke das Undenkbare, um mein Bewußtsein zu erweitern.
- Ich betrachte meine Überzeugungen und Glaubenssätze und öffne mein Herz für die Weisheit meiner Seele.
- Ich bin dankbar für die Fragen, die durch körperliche Krankheiten oder psychischen Streß auftauchen, weil ich weiß, daß sie Botschaften meines Herzens und meiner Seele sind.
- Ich weiß, daß bedingungslose Liebe die Antwort auf alle wichtigen Fragen ist.

22 | *Nichts im Leben hat irgendeine Bedeutung außer der, die wir ihm geben*

> Das Leben hat keinen Sinn außer dem, den der Mensch ihm gibt, indem er sein Potential entfaltet und konstruktiv lebt.
> *Erich Fromm*

Vom Augenblick unserer Geburt an beobachten und analysieren wir unsere Umwelt. Aufgrund dieser Beobachtungen und anderer Sinneswahrnehmungen fangen wir an, Entscheidungen zu treffen. Deshalb sind die Sichtweisen der Menschen so verschieden. Wenn mehrere Personen die gleiche Situation erleben, wird jeder einzelne sie anders wahrnehmen, interpretieren und erklären. Die gleiche Situation, das gleiche Ereignis kann für einen Menschen Heilung bedeuten, während es einen anderen krank macht. Wie könnte es auch anders sein?

Ihre Einschätzung irgendeines Ereignisses in Ihrem Leben hängt von Ihren früheren Erfahrungen und Lernprozessen ab. Aufgrund dieser Informationen bestimmen Sie die Bedeutung des Ereignisses und werten es als gut oder schlecht. Tritt das gleiche Ereignis im Leben eines anderen Menschen ein, dessen Vorgeschichte und Weltbild sich völlig von Ihrem unterscheiden, so wird dieser Mensch dem Ereignis eine völlig andere Bedeutung beimessen und es völlig anders bewerten. Wenn Sie beispielsweise in einer Familie oder in einem Kulturkreis aufgewachsen sind, wo ein geschickter Jäger hoch angesehen war und reich belohnt wurde, ist für Sie alles, was mit der Jagd zusammenhängt, höchstwahrscheinlich mit positiven Gefühlen verbunden. Wenn Sie einen Hirsch schießen, ist das für Sie wahrscheinlich ein Grund zur Freude und zum Feiern – Sie sind stolz darauf. Wenn Sie aber in einer Familie oder in einem Kulturkreis aufgewachsen sind, in dem das

Jagen verurteilt wurde, wird die Vorstellung, einen Hirsch zu schießen, großes Unbehagen, vielleicht sogar Übelkeit in Ihnen auslösen.

Als Kind hörte ich eine Anekdote, die ich heute noch gern erzähle. Sie handelt von einem weisen indianischen Medizinmann, der die Fähigkeit besaß, jede Situation ins Gleichgewicht zu bringen, indem er unmittelbar beide Seiten davon erkannte. Eines Tages wurde sein Dorf von einem anderen Stamm angegriffen, und der Sohn des Medizinmannes brach sich im Kampf ein Bein. Die anderen Dorfbewohner meinten, das sei sehr schlimm, aber der Medizinmann sagte nur: „Wir werden sehen." Ein paar Monate später bereiteten sich einige Freunde des Sohnes auf einen Jagdausflug vor. Sie sagten: „Es ist sehr schade, daß dein Bein noch nicht ganz geheilt ist und du uns nicht begleiten kannst." Der Sohn war mit ihnen einer Meinung, aber der weise Medizinmann sagte: „Wir werden sehen." Die drei tapferen jungen Männer kehrten nie zurück. Da sagten die Dorfleute zum Medizinmann: „Was für ein Glück, daß dein Sohn nicht an diesem Jagdausflug teilgenommen hat." Aber der Medizinmann sagte nur: „Wir werden sehen."

Die Geschichte geht noch weiter, aber die Botschaft bleibt die gleiche. Es ist ein Zeichen großer Weisheit, sich eines Urteils zu enthalten und beide Seiten einer Situation im Gleichgewicht zu sehen. Da ein Ereignis, das von vielen verschiedenen Menschen beobachtet oder erfahren wird, nicht immer für alle das gleiche bedeutet – und in der Tat viele verschiedene Bedeutungen haben kann –, erkennen wir schließlich, daß Ereignisse an sich neutral sind. Wir selbst geben ihnen eine Bedeutung oder „färben" sie aufgrund unserer Informationen oder Glaubenssätze. Je mehr wir verstehen, desto mehr können wir lieben.

Ihre Wahrnehmungen „färben" die Wahrheit

Wenn die Pforten der Wahrnehmung gereinigt würden, würde der Mensch alles wahrnehmen, wie es ist – unbegrenzt. *William Blake*

- Unsere Wahrnehmungen beruhen normalerweise auf einer sehr begrenzten Menge an Informationen – besonders im Vergleich mit der Unbegrenztheit des Universums.
- In Ihrer Wahrnehmung wird die Wahrheit oft verzerrt. Ereignisse werden häufig entweder aufgebauscht oder unterschätzt.
- Eine Vielfalt von Wahrnehmungen läßt die Wahrheit manchmal relativ erscheinen.
- Ihre Realität beruht auf Ihrer Wahrnehmung der Wahrheit.

Wahrheit ist nicht immer offensichtlich, denn wir sehen die Dinge normalerweise durch den Filter unserer persönlichen Wahrnehmung. Doch je mehr wir über verschiedene Sichtweisen innerhalb unseres eigenen Kulturkreises oder über die Weltbilder anderer Zeitalter und Kulturen erfahren, desto mehr verstehen wir, daß unsere Wahrnehmungen auf einer sehr engen, begrenzten Sicht des Universums beruhen. Dieses Wissen macht uns bescheiden.

Je mehr wir sehen und erfahren, desto klarer wird uns, daß unsere Realität und die Bedeutung, die wir bestimmten Ereignissen beimessen, sehr individuell ist. Sie ist immer mit der Zeit und mit dem Umfeld verknüpft, in denen wir leben.

Wären Sie ein Bauer und erlebten eine Dürreperiode, würden Sie Regen als Segen betrachten und am Himmel aufziehende Wolken als gutes Zeichen deuten. Befänden Sie sich aber bei Hochwasser auf dem Dach eines niedrigen Gebäudes, würden Sie den Regen wahrscheinlich fürchten und ihn als negativ betrachten. Aber Regen ist einfach Regen – weder gut noch schlecht. Er *ist* einfach.

Ich erinnere mich an eine Diskussion, die ich mit drei anderen Schülern während eines Literaturkurses am Gymnasium hatte. Wir sprachen über die Legende von Robin Hood, und jeder von uns hatte eine andere Meinung über seine Taten. Einer betrachtete sie als gut, ein anderer als schlecht. Es zeigte sich, daß jeder von uns diese Legende und ihre Bedeutung anders wahrnahm. Unser Lehrer, der unser Gespräch mitbekommen hatte, bezog die ganze Klasse ein und ließ jeden von uns niederschreiben, was wir als Robin Hoods beste und schlechteste Eigenschaften betrachteten. Zwanzig Schüler hatten dreizehn verschiedene Meinungen über seine besten und fünfzehn über seine schlechtesten Charaktereigenschaften. Das war eine Lektion über die Verschiedenheit menschlicher Sichtweisen, die ich nie wieder vergessen habe.

Gefühle beruhen auf Wahrnehmungen

> Nicht die Dinge selbst beunruhigen den Menschen, sondern seine Sichtweise der Dinge. *Epictetus*

- Welche Gefühle Sie in bezug auf einen Menschen oder eine Sache hegen, hängt von Ihrer Wahrnehmung ab.
- Viele Menschen fürchten oder verurteilen das, was sie nicht verstehen.
- Wenn Sie himmelhoch jauchzend oder zu Tode betrübt sind, nehmen Sie die Situation einseitig war.
- Ihre Wahrnehmung der Menschen und Ereignisse um Sie herum bestimmt Ihre Reaktionen.

Wir nehmen unsere Gefühle sehr wichtig. Sie fühlen sich real an, und häufig versuchen wir, eine Rechtfertigung oder Bestätigung für sie zu finden, aber sie beruhen lediglich auf unserer oft einseitigen Wahrnehmung. Unsere Gefühle einer Person oder einem Ereignis gegenüber mögen echt sein. Das heißt aber noch lange nicht, daß das, was wir fühlen, die Wahrheit ist. Wenn irgendeine Sache oder Person Sie begeistert oder deprimiert, glauben Sie, daß die Sache oder Person mehr positive als negative, oder umgekehrt, mehr negative als positive Seiten besitzt. Das muß aber keinesfalls wirklich so sein.

Kürzlich traf ich George, einen Mann in den „besten Jahren". Er sah alt und müde aus und erzählte, er sei furchtbar deprimiert, weil seine zwanzigjährige Tochter Kate „ihn ins Grab bringe". Als ich ihn bat, mir mehr darüber zu erzählen, sagte er: „Sie ist mit irgendeinem Halunken durchgebrannt und hat ihn geheiratet, nachdem ich ihr gedroht hatte, sie zu enterben, falls sie sich weiterhin mit ihm träfe! Ich kann nicht glauben, daß sie mir das angetan hat. Sie ist meine einzige Tochter, und jetzt habe ich sie an diesen Mistkerl verloren." George konnte nicht sehen, daß er in bezug auf seine Gefühle und Reaktionen eine Wahl hatte. Er lebte in der Illusion, daß seine Gefühle die Wahrheit *seien*. Ich erklärte ihm, daß unsere Gefühle auf unseren Wahrnehmungen beruhen und er sich wahrscheinlich anders fühlen würde, wenn er bereit wäre, seine Sichtweise zu ändern.

Während der nächsten paar Stunden half ich George, seine Wahrnehmung in bezug auf seine Tochter Kate und auf Don, seinen neuen Schwiegersohn, ins Gleichgewicht zu bringen. Als wir der Sache gemeinsam auf den Grund gingen, wurde George allmählich klar, daß er Don unter anderem deshalb so stark ablehnte, weil der junge Mann ihn an Frankie erinnerte, einen Mann, mit dem Kates Mutter befreundet gewesen war, bevor sie George kennengelernt und geheiratet hatte. „Ich weiß, hinter was solche Typen her sind", sagte George. „Sie wollen eine Frau, die alles für sie tut und dabei die ganze Zeit wie eine Trophäe wirkt, damit sie vor ihren Freunden mit ihr angeben können. Die Vorstellung, daß er das von meiner Tochter bekommt, macht mich krank!"

Es dauerte eine Weile, bis George einsah, daß seine Meinung über Frankie und dessen scheinbare Ähnlichkeit mit Don seine Wahrnehmung färbte. Anstatt sein Herz und seinen Verstand für die Wahrheit zu öffnen, hatte George seinen Gefühlen vertraut. Als ihm dämmerte, daß er sein Herzeleid selbst verursacht hatte, indem er zuließ, daß seine Emotionen seine Reaktionen bestimmten, begann er zu weinen und nahm die Wahrheit demütig an. Endlich öffnete er sein Herz und begann zu strahlen. Sein Gesicht spiegelte bedingungslose Liebe wider, und nach einigen Minuten der Sprachlosigkeit flüsterte er: „Danke".

Die Wahrheit ist ...

Tragödie und Komödie sind einfach zwei Aspekte der Realität. Ob wir das Tragische oder das Komische sehen, hängt allein von unserer Perspektive ab.
Arnold Beisser

- Ereignisse sind neutral.
- Ihre Sichtweise bestimmt Ihre Wahrnehmung der Realität.
- Welche Bedeutung Sie Menschen und Ereignissen beimessen, hängt von Ihren früheren Erfahrungen und Lernprozessen ab.
- Gefühle werden als real empfunden, sind aber oft weit von der Wahrheit entfernt.

Gedanken ...

Die Dinge ändern sich nicht. Du änderst deine Sichtweise, das ist alles.
Carlos Castaneda

1. Erinnern Sie sich an einen Menschen, den Sie anfangs ablehnten, später aber gern mochten.
2. Erinnern Sie sich an ein Ereignis in Ihrem Leben, das Ihnen zunächst negativ erschien, das sich später aber als positiv entpuppte.
3. Denken Sie an ein Prinzip oder eine Methode, die Sie zunächst ablehnten, später aber akzeptierten, als Sie mehr darüber wußten.
4. Denken Sie an ein Mißverständnis, das entstand, weil Sie mit einem bestimmten Wort oder einer bestimmten Handlung etwas anderes assoziierten als die Person, mit der Sie sprachen.

... verwirklichen

Betrachten Sie sich all die Aussagen, die wahr scheinen, und stellen Sie sie in Frage. *David Riesman*

1. Stellen Sie sich vor, Sie würden auf dem Planeten Erde landen und dort das Kommando übernehmen. Ihre Aufgabe bestünde darin, den Menschen zu sagen, was gut ist und belohnt wird und was schlecht ist und bestraft wird. Die von Ihnen diktierten Regeln lassen keine Ausnahme zu. Schreiben Sie ein Ereignis oder Verhalten nieder, das auf jeden Fall als gut gilt, und eines, das auf jeden Fall als schlecht gilt.
2. Notieren Sie jetzt drei negative Aspekte des von Ihnen als ausschließlich gut bezeichneten Ereignisses oder Verhaltens.
3. Notieren Sie drei positive Aspekte des von Ihnen als ausschließlich schlecht bezeichneten Ereignisses oder Verhaltens.
4. Schreiben Sie auf, wann Sie etwas taten, das Sie als gut bezeichneten, und wann Sie etwas taten, das Sie als schlecht bezeichneten. Konzentrieren Sie sich dabei auf

einen der sieben Bereiche: den mentalen, physischen, spirituellen, familiären, gesellschaftlichen, beruflichen oder finanziellen.

In jedem von uns gibt es ein Gleichgewicht, aber es bedarf wahrhaftiger und bescheidener Selbstbeobachtung, um es zu entdecken.

Affirmationen

- Ich bleibe offen für die Wahrheit, um meine Wahrnehmungen ins Gleichgewicht zu bringen.
- Ich wähle meinen Standpunkt, meine Gefühle und meine Reaktionen.
- Ich bin der Schöpfer/die Schöpferin meiner Realität.
- Ich erkenne das vollkommene Gleichgewicht in allen Menschen, Dingen und Ereignissen an und weiß um die wahre Bedeutung all dessen, was in Liebe existiert.
- Meine ausgeglichene Sichtweise und mein neugewonnener Lebenssinn heilen meinen Geist und meinen Körper.

23 | *Es gibt nichts zu verzeihen*

> Die Gesamtheit dessen, was wir kennen, ist ein ausgleichendes System. Jedes Leiden wird belohnt, jedes Opfer kompensiert, jede Schuld bezahlt.
> *Ralph Waldo Emerson*

Um jemandem verzeihen zu können, müssen Sie das, was er oder sie tat, zunächst als schlecht oder falsch beurteilen. Wenn wir zu Gericht sitzen, verhalten wir uns, als wüßten wir alles über eine bestimmte Situation oder Person. In Wirklichkeit wissen wir im allgemeinen sehr wenig über das Gesamtbild. Da alles, was existiert, Teil dieses Meisterplanes ist, ist auch jeder und alles, was existiert, Teil dieser vollkommenen Ordnung – selbst unsere Leiden und Krankheiten. Auf lange Sicht gibt es keine Fehler.

Unsere eingeschränkte Sicht und egozentrische Perspektive gaukelt uns vielleicht vor, daß etwas, das wir sehen oder erfahren, ausschließlich schlecht oder falsch ist, doch das Universum hält stets ein perfektes Gleichgewicht aufrecht. Jedes Wesen, das existiert, und alles, was sich ereignet, ist integraler Bestandteil des Meisterplanes, so daß wir unsere Lektionen in bedingungsloser Liebe lernen und unser wahres Potential verwirklichen können.

Wer sind wir, um die Wege des Kosmos zu beurteilen? Wenn wir demütig werden, erlangen wir große Klarheit und verstehen, daß alle unsere Wahrnehmungen und Überzeugungen, all unser Wissen und unsere Weisheit nur ein Sandkorn in der Unendlichkeit bewußter Möglichkeiten sind. Deshalb besteht das Klügste, das wir tun können, darin, uns eines Urteils zu enthalten und bei jedem anscheinend negativen Menschen oder Ereignis, der oder das in unser Leben tritt, nach den positiven Seiten Ausschau zu halten, um das Gleichgewicht zu erkennen.

Selbst die anscheinend schrecklichsten, grausamsten und sinnlosesten Ereignisse geben uns viele Gelegenheiten, das Positive zu sehen und den Frieden bedingungsloser Liebe zu erfahren. Das Gesetz von Ursache und Wirkung regiert das Universum. Doch das Leben bestraft nicht und belohnt nicht, es verurteilt nicht und vergibt nicht. Wir selbst ziehen die Lektionen an, die wir lernen müssen. Wir selbst säen, was wir ernten. Wir alle sind auf dem Weg der Heilung durch Liebe, und je dankbarer wir für die Ausgewogenheit des Universums sind, desto mehr bedingungslose Liebe empfinden wir und desto eher können wir Erfüllung erfahren.

Kürzlich hatte ich Gelegenheit, mit Hank zu sprechen, dessen Sohn Tommy vor fünfzehn Jahren als Dreijähriger entführt und ermordet worden war. Hank war noch immer voller Wut. Er beschuldigte den Mann, der seinen Sohn getötet hatte, sich selbst, weil er nicht dagewesen war, um seinen Sohn zu schützen, und Gott, weil er das Schreckliche zugelassen hatte. Hank hatte das Gefühl, Gott habe ihm den Rücken gekehrt. Ich erklärte ihm, daß er mit seiner Wut, den Anschuldigungen und Schuldgefühlen die Liebe und den inneren Frieden blockierte, die sein Herz und seine Seele ihm sandten. Ich fragte ihn, ob er bereit sei, seine Wut loszulassen, um den erfüllenden Zustand bedingungsloser Liebe zu erfahren. Er bejahte.

Hanks erste Aufgabe bestand darin, alle negativen Dinge in bezug auf Tommys Tod niederzuschreiben. Da er sich seit Jahren nur auf die von ihm als ausschließlich schrecklich wahrgenommenen Aspekte konzentrierte, bereitete es ihm keine Mühe, innerhalb kurzer Zeit siebzig negative Dinge zu Papier zu bringen. Daraufhin bat ich ihn, die gleiche Anzahl positiver Aspekte im Zusammenhang mit Tommys Tod aufzuschreiben. Zuerst meinte er, das könne nicht mein Ernst sein, und ging in die Defensive, aber im weiteren Verlauf des Gesprächs begann er, den Sinn meiner Bitte zu erkennen. Es dauerte ungefähr zwei Stunden, bis er genauso viele positive wie negative Aspekte niedergeschrieben hatte. Als ich ihn fragte, ob er bereit sei, mir einige der positiven Aspekte mitzuteilen, antwortete er:

„Da es mir so schwerfiel, auch nur einen einzigen positiven Aspekt niederzuschreiben, erkannte ich, daß ich mich die ganze Zeit ausschließlich auf das fixiert hatte, was ich als schrecklich betrachtete. Aber als ich mich schließlich zwang, mindestens einen positiven Aspekt aufzuschreiben, dämmerte mir allmählich, daß es in Wirklichkeit viele positive Aspekte gab. Tommys Fall stieß auf großes öffentliches Interesse, und plötzlich begannen viele Leute, die noch nie einen Gedanken an vermißte Kinder verschwendet hatten, darüber nachzudenken, wie viele es sind und wie schnell so etwas geschehen kann."

Er sagte, ein weiterer positiver Aspekt sei die Erfahrung gewesen, daß selbst Menschen, die ihn überhaupt nicht kannten, sich um ihn und seine Familie gekümmert hätten. Er hatte Hunderte von Karten und Briefen erhalten, und viele Menschen hatten für ihn gebetet und ihm Botschaften der Liebe und der Unterstützung zukommen lassen. „Ich habe das Leben und die Menschen, die ich liebe, dadurch schätzen gelernt", sagte er. „Ich nehme nichts mehr als selbstverständlich hin, und ich glaube, das ist der größte Segen von allem."

Als nächstes bat ich Hank, sich die dreiundsiebzig negativen Aspekte zu betrachten und sich bei jedem einzelnen zu überlegen, ob er auf irgendeine Weise in irgendeinem Lebensbereich sich selbst oder anderen das gleiche angetan hatte. Dieser Teil des Prozesses dauerte einige Stunden, denn Hank unterzog sein Leben und seine Erinnerungen einer genauen Prüfung. Er schwor, daß er ein paar Dinge nie getan hätte, doch als wir gemeinsam ein wenig genauer hinschauten, erinnerte er sich an Situationen, in denen er auf ähnliche Weise etwas getan oder unterlassen hatte. Hanks letzte Aufgabe bestand darin, sich noch einmal alle negativen Punkte auf der Liste anzuschauen und diesmal herauszufinden, auf welche Weise jeder einzelne ihm oder irgend jemand anderem gedient hatte. Am Ende dieses Prozesses schaute Hank von seinem Blatt Papier auf und sagte: „Wissen Sie, endlich fange ich an, einen Sinn in Tommys Tod zu erkennen." Als Hank den Stift beiseite legte, brauchte er mir nicht zu sagen, daß er den Prozeß abgeschlossen hatte. Ich konnte deutlich sehen, welche Veränderung in ihm vorgegangen war. Seine Augen strahlten, er hielt den Kopf höher und sein ganzer Körper wirkte entspannter. Hank hatte erkannt, daß mit Tommys Tod genauso viele verborgene positive wie offensichtliche negative Aspekte verbunden waren. Er hatte begriffen, daß Schuld und Vergebung Illusionen sind und daß der einzige Weg, sich selbst von beidem zu befreien, darin besteht, dankbar zu sein und sein Herz für die Wahrheit bedingungsloser Liebe zu öffnen. Ich fragte Hank, ob er Tommy im Geiste gern irgend etwas sagen würde. Er schloß einen Augenblick die Augen und sagte dann, während ihm Tränen die Wangen herabliefen: „Tommy, du weißt, daß ich dich liebe, mein Sohn."

Vergebung ist eine selbstgerechte Illusion

> Wir sind Mitglieder eines riesigen kosmischen Orchesters, in dem jedes lebendige Instrument wichtig für das harmonische Zusammenspiel des Ganzen ist.
> *J. Allen Boone*

- Vergebung setzt voraus, daß wir zuvor ein Urteil über eine Handlung oder Unterlassung gefällt haben.
- Der Gedanke, daß wir das Recht haben, zu urteilen oder zu verzeihen, entspringt dem Stolz und der Selbstgerechtigkeit des Egos.
- Vergebung bringt dem anderen keine Freiheit, sondern zieht einen weiteren Teufelskreis von Verurteilungen und Illusionen nach sich. Allein bedingungslose Liebe kann Menschen befreien.
- Die Wahrheit erfordert keine Vergebung.

Wenn wir unser Herz für die Weisheit unserer Seele öffnen, verbinden wir uns mit dem gegenwärtigen Augenblick, erfahren bedingungslose Liebe und verstehen, daß alles, was geschieht, vollkommen ist. Es gibt nichts zu verzeihen. Die Illusion der Vergebung kann manchmal ein Schritt auf dem Weg zur bedingungslosen Liebe sein, aber wenn wir dort stehenbleiben, verharren wir auf der menschlichen Ebene des Urteilens. Wir müssen über unser selbstgerechtes Ego, über Schuld und Vergebung hinausgehen, um die Leichtigkeit bedingungsloser Liebe zu erfahren.

Als ich vor einigen Jahren in einem meiner Gruppenprogramme über die Illusion der Vergebung sprach, erzählte mir ein Teilnehmer namens David, er habe seinem Vater bereits alles verziehen, was dieser „ihm angetan habe". David sagte: „Ich habe diesen Vergebungsprozeß vor über einem Jahr abgeschlossen." Er erklärte, eine mehrere Jahre dauernde Therapie und zahlreiche Workshops hätten ihm geholfen zu akzeptieren, was sein Vater ihm angetan hatte. Er habe gelernt, damit zu leben. „Ich habe meinem Vater gesagt, daß ich ihm verziehen habe, obwohl er mir durch seine Mißhandlungen großes Unrecht angetan hat", sagte er. Ich fragte David, ob er seinen Vater gern umarmen würde, wenn er jetzt in diesem Augenblick anwesend wäre. David lachte und sagte: „So weit würde ich nicht gehen. Ich habe ihm verziehen, aber nach allem, was ich durchgemacht habe, verspüre ich ganz bestimmt nicht den Wunsch, ihn zu umarmen."

Ich erklärte David, daß er nicht wirklich frei sein könne, solange er überzeugt war, sein Vater habe etwas getan, das der Vergebung bedürfe. Ich fragte ihn, ob er sich wirklich befreien wolle – nicht nur im Kopf, sondern auch im Herzen. David war zwar überzeugt, diesen Zustand schon erreicht zu haben, war aber dennoch bereit, sich auf ein Experiment einzulassen. Ich erläuterte ihm den *Collapse*-Prozeß, und er begann damit zu arbeiten. Als die Zeit halb um war, fragte ich David, ob er den Unterschied zwischen Vergebung und bedingungsloser Liebe allmählich erkennen könne. Er bejahte und sagte, er sei überrascht zu entdecken, daß er oft selbst anderen jene Dinge angetan hatte, für die er seinen Vater haßte. Außerdem überraschte es ihn, die „guten Dinge" zu sehen, die aus den offensichtlich schlimmen Handlungen hervorgegangen waren. Als er den Prozeß abschloß, hatte er ein Gleichgewicht zwischen seinen guten und seinen schlechten Erfahrungen hergestellt. Sein Herz war von Liebe erfüllt, und er weinte Tränen der Dankbarkeit. Ich fragte David, ob irgend jemand im Raum ihn an seinen Vater erinnere, und er wandte sich einem älteren Mann zu. Ich fragte ihn, ob er bereit sei, diesem Mann zu sagen, was er seinem Vater sagen würde, wenn dieser anwesend wäre. David nickte und streckte, als der andere Mann sich ihm zuwandte, die Arme aus, um „seinen Papa" zu umarmen. Während ihm die Tränen übers Gesicht liefen, flüsterte er „Danke". Er dankte ihm für alles, was er durch ihn gelernt hatte, für die Kraft, die er durch ihn gewonnen hatte, und einfach dafür, daß er sein Vater war. Ich fragte David, ob er immer noch das Gefühl habe, etwas in seinem Leben sei „falsch" gelaufen. Lächelnd antwortete er: „Zum ersten Mal in meinem Leben weiß ich, daß alles, was geschah, vollkommen war. Danke!"

Ein sogenannter Akt der Vergebung mit den damit einhergehenden Urteilen ist Welten entfernt von der von Herzen kommenden Dankbarkeit, die bedingungslose Liebe mit sich bringt.

Nichts kann erschaffen oder zerstört werden

> Willst du beim Backen eines Apfelkuchens ganz von vorn anfangen, mußt du erst das Universum erfinden.
> *Carl Sagan*

- Jedes Teilchen der Materie, das früher existierte, existiert auch heute noch.

- Materie kann weder erschaffen noch zerstört werden. Sie kann nur ihre Form ändern.
- Der Tod ist der Hebel des Lebens.
- Man kann nichts aufbauen, ohne etwas zu zerstören; man nichts zerstören, ohne etwas aufzubauen.

Wir sehen uns als Schöpfer oder Zerstörer, aber in Wirklichkeit können wir die bereits existierende Materie nur manipulieren, können lediglich ihre Form verändern. Es ist unmöglich, etwas aufzubauen, ohne etwas zu zerstören oder etwas zu zerstören, ohne etwas aufzubauen. Der sogenannte Tod ist der „Hebel" des Lebens, die Voraussetzung für jeden Neubeginn. Wenn wir einen Garten bepflanzen, „bauen" wir etwas an. Und selbst wenn wir diese Ernte absichtlich unterpflügen, machen wir damit gleichzeitig den Boden fruchtbar. Wir haben also weder etwas erschaffen noch etwas zerstört. Wir haben einfach eine Form von Energie und Materie in eine andere umgewandelt.

Ich unterhielt mich einmal mit einem kleinen Mädchen namens Marsha. Ihr Vater hatte gerade ihren Hund Rusty beerdigt, der von einem Auto überfahren worden war. Sie hielt Rustys Halsband in der Hand und weinte, aber sie sagte: „Ich weine nicht, weil Rusty tot ist. Ich weiß, daß das da unten in der Erde nur Rustys Körper ist. Der wahre Rusty kann niemals tot sein." Ich umarmte sie fest und antwortete: „Du bist sehr weise, Marsha." Unter Tränen lächelte sie mich an und sagte: „Aber warum fühle ich mich dann so schlecht, Doktor Demartini?" Wir spazierten durch den Garten und sprachen darüber, wie die Blumen und Bienen, die Schmetterlinge und Vögel alle wichtigen Aufgaben füreinander erledigten. Sie lebten in Harmonie miteinander. Ich fragte Marsha, wie der Garten während der kalten Wintermonate aussähe. Sie rümpfte die Nase und sagte: „Er ist häßlich. Überall nur Dreck, aus dem ein paar Halme herausragen." Ich erklärte ihr, daß das, was wie „Dreck" aussah, im Frühling wieder die Blumen wachsen ließ. „Die Blumen werfen ihre Samen im

Herbst ab und ihre verwelkten Blätter und Stengel dienen diesen Samen als nahrhafter Dünger", sagte ich. „Die Samen warten geduldig in der Erde, bis sie im Frühjahr austreiben und wieder zu wunderschönen Blumen werden."

„Ja, ich verstehe", sagte Marsha, „du meinst, wie beim Kreislauf des Lebens im *König der Löwen*." Aber dann verzog sie wieder das Gesicht und sagte: „Aber aus Rustys Knochen entsteht kein neuer Rusty." Wir setzten uns auf eine Bank, und ich erklärte ihr, daß Rustys toter Körper neues Leben in anderer Form nährte, aber nicht zu einem neuen Rusty werden könne, weil „der wahre Rusty, den du kennst, nicht tot ist. Er wird in deinem Herzen weiterleben, solange du ihn liebst." Sie nickte und antwortete: „Dann wird er für immer weiterleben. Weil ich ihn immer lieben werde."

Die Wahrheit ist ...

Der einfältige Gebrauch der Begriffe „richtig" oder „falsch" ist eines der Haupthindernisse auf dem Weg zu größerem Verstehen. *Alfred North Whitehead*

- Im Universum herrschen die Gesetze des vollkommenen Ausgleichs.
- Der Zustand bedingungsloser Liebe existiert jenseits von Schuld und Vergebung.
- Wenn Sie andere von ganzem Herzen lieben, lieben Sie um der Liebe willen.
- Das Universum macht keine Fehler.

Gedanken ...

Leben und Tod sind eins, so wie der Fluß und das Meer eins sind. *Kahlil Gibran*

1. Denken Sie an eine Person, Situation oder Sache, die Sie erst kürzlich ausschließlich negativ beurteilten, und nehmen Sie sich einen Augenblick Zeit, um sich die andere Seite dieser Illusion anzuschauen.
2. Erinnern Sie sich an eine Situation, in der Sie schworen, einer bestimmten Person niemals zu vergeben, und ziehen Sie in Erwägung, diese Person zu lieben.
3. Denken Sie an etwas oder jemanden, das oder der Ihrer Meinung nach nicht mehr existiert, und schauen Sie, wo oder wie es oder er jetzt in einer neuen Form existiert.
4. Schließen Sie die Augen und erinnern Sie sich daran, daß Sie eins mit allem sind, was existiert.

... verwirklichen

Ist Gott für uns, wer mag wider uns sein? *Römer 8, 31*

1. Schreiben Sie auf ein Blatt Papier die Initialen eines Menschen, auf den Sie wütend sind oder für den Sie andere negative Gefühle empfinden.
2. Schreiben Sie als nächstes fünfzehn Verhaltensweisen auf, die Sie an dieser Person ablehnen oder als negativ empfinden. Schreiben Sie nun für jede dieser Verhaltensweisen eine Situation auf, in der Sie sich anderen gegenüber auf die gleiche oder ähnliche Weise verhalten haben. Beschreiben Sie zum Schluß, auf welche Weise sich jede der von Ihnen als negativ wahrgenommenen Verhaltensweisen als Segen erwiesen hat.
3. Schreiben Sie der oben genannten Person einen Brief, in dem Sie Ihren Dank für deren Vollkommenheit zum Ausdruck bringen.
4. Bitten Sie Ihr Herz um eine Botschaft der Liebe.

Affirmationen

- Ich bin dankbar für den übergeordneten göttlichen Plan.
- Ich weiß, daß vollkommenes Gleichgewicht herrscht, selbst wenn ich es nicht erkennen kann.
- Jede Person und jedes Ereignis bietet mir eine Gelegenheit, eine weitere Lektion in bedingungsloser Liebe zu lernen.
- Wenn ich jemanden vermisse, öffne ich mein Herz und erinnere mich daran, daß er immer noch da ist – und nur seine Form verändert hat.
- Ich werde geheilt und mein Herz ist offen.

24 | Ihr Herz und Ihre Seele verfügen über die Weisheit der Jahrtausende

Alles Lernen ist Erinnerung. *Plato*

Weltumspannende Kommunikationseinrichtungen und technische Fortschritte ermöglichen dem Menschen heute Zugriff auf eine bisher unvorstellbare Informationsvielfalt. Das Internet ist in aller Munde. Doch wie intelligent diese Systeme auch sein mögen, sie reichen bei weitem nicht an die Fähigkeiten Ihrer Seele heran, sich auf universales Wissen einzuschwingen.

Ihr Herz und Ihre Seele sind Ihre wahre Essenz. Sie verbinden Sie mit Ihrer Ursprungsquelle, mit dem Wesen, das Sie in Wahrheit sind. Ihr offenes Herz erkennt die illusionären Grenzen, die Ihre menschlichen Augen zwischen Menschen und Dingen sehen, nicht an. Ihre Seele ist eins mit allem, was sich im Laufe der Evolution entwickelte – eins mit der gesamten Schöpfung. Ihre Seele kennt Ihre Reiseroute, sie weiß, was war, was ist und was sein wird.

Wenn Sie wirklich dankbar sind, ist Ihr Geist still und Ihr Herz offen. Dann hören Sie die liebevollen Botschaften, mit denen Ihre Seele Sie leiten will. Diese innere Stimme, die besonders dann zu Ihnen spricht, wenn Sie sich in einem Zustand tiefer Inspiration befinden, ist es wert, gehört zu werden. Der weise Teil in uns hört auf die Stimme der Seele und folgt ihrer Führung. Je besser es Ihnen gelingt, die durcheinanderplappernden Stimmen Ihres Verstandes zur Ruhe zu bringen, desto klarer werden Sie die wahrhaftige Stimme Ihrer Seele vernehmen. Jeder Mensch besitzt von Natur aus die Fähigkeit, mit seiner Seele in Verbindung zu treten und sich von ihr inspirieren zu lassen, doch nur wenige machen sich ernsthaft auf diesen erleuchtenden Weg. Deshalb werden die höchsten Wahrheiten normalerweise nur von einigen wenigen verstanden. Ich erinnere mich noch ganz genau an einen Tag vor etwa zwölf Jahren, als meine Seele mir während einer Meditation eine Botschaft sandte, die mir die Tränen der Dankbarkeit in die Augen trieb. Meine innere Stimme sagte, ich würde eine Lebensschule gründen, und sie nannte mir sogar den Namen der Schule: *Concourse Of Wisdom (Treffpunkt der Weisheit)*. Damals hatte ich den *Collapse*-Prozeß noch nicht ausgearbeitet und steckte mit meiner Fähigkeit zu lehren noch in den Kinderschuhen. Doch diese Inspiration, diese Stimme war so stark, daß ich ihr folgte und anfing, Vorträge über jene zwei Themen zu halten, über die ich am meisten wußte: bedingungslose Liebe und Heilung.

Ein paar Jahre später schuf ich die theoretische Grundlage für meine Lebensschule, entwickelte den *Collapse*-Prozeß und entschied, daß ich nun bereit sei, ihn als Teil der *Breakthrough*-Erfahrung zu vermitteln. Heute unterstützt diese Schule Menschen in aller Welt bei ihrer persönlichen und spirituellen Entwicklung. Wir bieten zahlreiche Kurse und Workshops an, in denen Wissenschaft und alte Weisheitslehren aufeinandertreffen. Wenn Sie der Inspiration Ihres Herzens und Ihrer Seele folgen, erfüllen Sie Ihre Lebensaufgabe.

Ihre Seele spricht zu Ihnen, wenn Sie dankbar sind für das, was ist, wenn es ist.

> Verlassen Sie sich mehr auf die eigenen intuitiven Kräfte, und hören Sie nicht so viel auf äußere Einflüsse. Lernen Sie, der leisen, kleinen Stimme im Innern zu lauschen.
> *Edgar Cayce*

- Wahre, von Herzen kommende Dankbarkeit öffnet den Verbindungskanal zu Ihrer Seele.
- Emotionale Ladungen verursachen „atmosphärische Störungen" in der Verbindung mit Ihrer Seele.

- Wenn Ihr Herz offen ist und Sie dankbar sind für die Vollkommenheit des Universums, antwortet Ihre Seele oft mit einer Botschaft bedingungsloser Liebe.
- Dankbarkeit öffnet Sie für die Führung durch Ihre Seele und deren wahre Heilkraft: bedingungslose Liebe.

Wenn Sie wirklich dankbar sind für das, was ist, wenn es ist, werden Ihr Herz und Ihre Seele zu Ihnen sprechen und Sie durch inspirierende Fragen, Ideen und Zukunftsvisionen auf Ihrem Weg leiten. Ihr Herz und Ihre Seele sprechen selbst dann zu Ihnen, wenn Sie nicht dankbar sind, aber Sie können sie nicht immer hören, wenn Sie durch die vielen verschiedenen Stimmen Ihres Verstandes und Ihre verschiedenen Interessen und Verantwortlichkeiten abgelenkt sind. Deshalb ist es wichtig, sich ein wenig Zeit zu nehmen, um diese Dankbarkeit bewußt zu spüren. Schon fünf Minuten am Morgen und fünf am Abend, in denen Sie sich still hinsetzen und tiefe Dankbarkeit für all die Segnungen Ihres Lebens empfinden, können die Verbindungskanäle zu Ihrem Herzen und zu Ihrer Seele offenhalten. Im Laufe der Jahre bekam ich oft Gelegenheit, an inspirierenden Botschaften teilzuhaben, die Menschen während und nach solchen Augenblicken tiefer Dankbarkeit empfingen. Ich bin sicher, daß wir einfach durch unsere Dankbarkeit für das, was ist, wenn es ist, das höchste Ziel unserer Seele, unseren Daseinszweck, ergründen können. Ich bin außerdem sicher, daß unser Herz und unsere Seele uns alle Informationen zugänglich machen können, die wir benötigen, um unser Leben zu verändern und an Geist und Körper zu heilen.

Wenn ich mir die wichtigste Auswirkung, die Dankbarkeit auf das Leben von Menschen haben kann, ins Gedächtnis rufe, muß ich oft an eine Patientin denken, die ich vor einigen Jahren chiropraktisch behandelte. Janice kam in meine Praxis, weil sie sich bei einem Autounfall Verletzungen am Rücken zugezogen hatte. Während der ersten vier oder fünf Sitzungen beklagte sie sich ununterbrochen. Ich wußte, daß ihre Undankbarkeit den Heilungsprozeß verzögerte, und wollte ihr gern helfen. Als sie das nächste Mal kam, sagte ich ihr, noch bevor sie Gelegenheit hatte, sich auf ihre negativen Wahrnehmungen zu konzentrieren, daß ich ein kleines Experiment mit ihr vorhätte. Ich fragte sie, ob es ihr etwas ausmachen würde, vor Beginn der Behandlung zwanzig Dinge, für die sie dankbar war, auf ein Blatt Papier zu schreiben. Etwa zehn Minuten später betrat sie den Behandlungsraum und händigte mir mit einem Lächeln die fertige Liste aus. Nun erklärte ich ihr, daß die chiropraktische Behandlung besser wirken würde, wenn wir uns dabei nicht unterhielten und uns statt dessen auf das gewünschte Ergebnis konzentrierten. Wir setzten die Behandlung einige Wochen lang auf diese Weise fort, und Janice stellte eine bemerkenswerte Besserung ihres Zustandes fest. Ihr Rücken war viel geschmeidiger geworden, und sie konnte sich wieder schmerzfreier bewegen. Außerdem berichtete sie, daß sie allgemein mehr Energie hatte, was sie auf die chiropraktischen Behandlungen zurückführte. Ich bestätigte, daß die Behandlungen durchaus Wirkung zeigten, erklärte ihr aber auch, daß ich den Grund für die Beschleunigung ihres Heilungsprozesses in ihrer Dankbarkeit sah.

Diese Vorstellung faszinierte Janice, und sie fragte sich, was wohl geschehen würde, wenn sie nicht nur einmal pro Woche, kurz vor der Sitzung, sondern täglich zwanzig Dinge niederschreiben würde, für die sie dankbar war. Sie gab sich selbst das Versprechen, sich täglich auf die Geschenke in ihrem Leben und die Vision eines gesunden, starken Rückens zu konzentrieren. Innerhalb von fünf Wochen verschwanden alle Schwellungen, und ihr Rücken war vollständig wiederhergestellt.

Wenn Sie sich von Ihrem Herzen und Ihrer Seele leiten lassen, erleben Sie Erfüllung

> Gewissen – dieser kleine Funke himmlischen Feuers
> *George Washington*

- Ein Meister ganzheitlicher Gesundheit hat genug Disziplin, um auf sein Herz und seine Seele zu hören.
- Ein Genie ist jemand, der auf die Weisheit seiner Seele hört und ihr folgt.
- Ihr Herz und Ihre Seele wollen vor allem anderen ihre heilende Mission der Liebe erfüllen.
- Herz und Seele drücken nichts als bedingungslose Liebe aus.

Ihr Herz und Ihre Seele sind Ihre inneren Lehrer. Durch die Ihrer Dankbarkeit innewohnende Demut schwingen Sie sich auf ihre Führung ein und beginnen, Ihre Lebensaufgabe zu erfüllen. Das klingt vielleicht geheimnisvoll, ist aber in Wirklichkeit ganz einfach. Sie müssen nur dafür sorgen, daß die Leichtigkeit und die Energie bedingungsloser Liebe ungehindert durch Sie hindurchfließen kann, anstatt diesen Energiefluß durch emotional und mentale Unausgewogenheit zu blockieren.

Vor ein paar Jahren begegnete ich einem begabten Bildhauer. Jason war siebenundzwanzig Jahre alt und fühlte sich dazu berufen, Meisterwerke zu schaffen. In der Zeit zwischen seinem High-School-Abschluß und seinem zweiundzwanzigsten Lebensjahr hatte er in einer Garage in Manhattan gearbeitet, wo er die Autos von Besuchern einparkte. An seinen freien Tagen hatte er so viele Museen, Kunstgalerien und Ausstellungen besucht, wie er sich zeitlich und finanziell leisten konnte. „Eines Tages, als ich die fein gearbeitete Skulptur eines Delphins bewunderte", sagte er, „begann ich mir vorzustellen, meine eigenen Hände hätten dieses Meisterwerk geschaffen. Ich hatte eine klare Vision von meinem

Talent und fühlte mich berufen, diese Kunst auszuüben." Von diesem Tag an wußte er, daß er die Fähigkeit besaß, Skulpturen zu schaffen, die ebenso bewundert werden würden, wie er den Delphin bewundert hatte. Jason nahm Unterricht in einer nahegelegenen Kunstschule. Er liebte die Beschaffenheit des Tons und war glücklich darüber, mit seinen Händen alles erschaffen zu können, was in seiner Vorstellung Gestalt annahm.

Je mehr er übte, desto deutlicher zeigte sich sein Talent, und drei Jahre, nachdem er seine Vision gehabt hatte, wurde seine erste Skulptur in einer Galerie seines Stadtteils ausgestellt. „Ich bin so dankbar dafür, daß ich der Vision folgte, die ich damals in jenem Kunstmuseum hatte", sagte er. „Von diesem Tag an kannte ich meine Berufung und wußte auch, daß ich es wirklich schaffen würde. Ich glaubte daran, ich sah es, und es wurde Wirklichkeit."

Die Wahrheit ist ...

Solange du noch nicht weißt, daß das Leben
inspirierend ist, und es auch so empfindest,
hast du die Botschaft deiner Seele noch nicht gehört.
Anonym

- Wenn Sie dankbar sind für das, was ist, wenn es ist, öffnen Sie Ihr Herz für die Weisheit Ihrer Seele.
- Ihre Seele ist eins mit allem, was existiert.
- Ihre Seele ist Ihr wahres, unsterbliches Wesen.
- Wenn Sie der Weisheit Ihres Herzens und Ihrer Seele folgen, erfüllen Sie Ihre Lebensaufgabe.

Gedanken ...

„Von Staub bist du erschaffen, zu Staub sollst du wieder werden" sind nicht die Worte der Seele.
Henry Wadsworth Longfellow

1. Schließen Sie die Augen und denken Sie an all die Dinge in Ihrem Leben, für die Sie wirklich dankbar sind.
2. Danken Sie sich selbst dafür, daß Sie diese Geschenke des Lebens zu schätzen wissen.
3. Danken Sie Ihrem Herzen und Ihrer Seele für ihre Liebe und lauschen Sie auf eine inspirierende Botschaft.
4. Schreiben Sie einen kurzen Dankesbrief an jemanden, den Sie lieben.

... verwirklichen

Was hülfe es dem Menschen, so er die ganze Welt gewönne, und nähme doch Schaden an seiner Seele?
Matthäus 16, 26

1. Denken Sie an ein körperliches oder anderes Problem, für dessen Lösung Sie sich die Führung Ihres Herzens und Ihrer Seele wünschen. Schreiben Sie das Problem auf ein Blatt Papier.
2. Notieren Sie als nächstes zehn Vorteile dieser Situation oder dieses Zustandes. Auf welche Weise haben Sie davon profitiert?
3. Danken Sie Ihrem Herzen und Ihrer Seele für die Vorteile, die Sie durch Ihre Situation oder Ihren Zustand haben. Tun Sie das, bis Ihnen Tränen der Dankbarkeit in die Augen treten.
4. Bitten Sie Ihr Herz und Ihre Seele um Führung. Schreiben Sie die empfangene Botschaft auf.

Affirmationen

- Ich bin diszipliniert genug, um meiner heilenden Herz- und Seelenenergie zu folgen.
- Dankbar vertraue ich mich der liebevollen Führung durch mein Herz und meine Seele an.
- Ich öffne mein Herz für die uralte Weisheit.
- Ich bin ein mit Liebe und Dankbarkeit gefülltes Gefäß.
- Ich bin dankbar für die heilende Führung meines Herzens und meiner Seele und setze ihre Botschaften in meinem täglichen Leben um.

25 | Bedingungslose Liebe ist der Schlüssel zu Ihrem Herzen und zu Ihrer Seele

> Liebe gibt nichts als sich selbst und nimmt nur von sich selbst. Liebe besitzt nicht, noch läßt sie sich besitzen. Denn Liebe genügt sich selbst.
> *Kahlil Gibran*

Viele Menschen wünschen sich nichts sehnlicher als die Erfahrung bedingungsloser Liebe – nicht nur für andere, sondern auch für sich selbst. Doch zwischen dem leidenschaftlichen Gefühl der Verliebtheit, das viele Leute Liebe nennen, und echter, bedingungsloser Liebe besteht ein riesiger Unterschied. Bedingungslose Liebe hat nichts mit Leidenschaft, ja noch nicht einmal etwas mit positiven Gefühlen zu tun. Sie ist ein Zustand der vollkommenen Verschmelzung aller Gefühle – der positiven wie der negativen. Sie erhebt uns in einen Zustand der Inspiration. Wir erfahren sie, wenn wir uns auf den gegenwärtigen Augenblick einlassen und durch die Visionen und Botschaften unseres Herzens und unserer Seele aufgeweckt werden. Bedingungslose Liebe läßt uns die Gewißheit der Unsterblichkeit erfahren und das Wunder des Universums anerkennen. Sie ist die stärkste Kraft, die es gibt, sie kennt keine Grenzen, Einschränkungen, Widerstände. Sie ist das Alpha und das Omega – der Anfang und das Ende. Sie schließt alle und alles gleichermaßen ein. Sie ist die Energie und das Licht – weder positiv noch negativ –, die entstehen, wenn positive und negative emotionale Ladungen vollkommen ausgeglichen werden. Das Erkennen dieser Kraft inspirierte mich dazu, den *Collapse*-Prozeß zu entwickeln, jene Methode, mit deren Hilfe die positiven und negativen Aspekte Schritt für Schritt ausgeglichen werden und Menschen in einen Zustand der Dankbarkeit gelangen, in dem ihre Herzen sich öffnen und sie die Intensität und Kraft bedingungsloser Liebe erfahren. Die in diesem Buch beschriebenen Übungen sollen Ihnen helfen, Ihre Wahrnehmungen und Gefühle ins Gleichgewicht zu bringen, damit Sie jene Weisheit und Heilkraft erfahren können, die bedingungslose Liebe in jedem Augenblick für uns bereithält.

Durch den *Collapse*-Prozeß durfte ich in meinem Leben viele Male am Wunder der bedingungslosen Liebe teilhaben. Meine größte Erfüllung besteht darin, diese Fackel an andere weiterzureichen und dadurch wiederum noch mehr bedingungslose Liebe in meinem Leben zu erfahren. Jeder von uns hat die Fähigkeit, diesen Zustand der Offenheit zu erreichen, und jeder von uns verspürt den inneren Drang, nach dieser Wahrheit zu suchen.

Ich erinnere mich an eines der *Breakthrough*-Seminare, bei denen ich den *Collapse*-Prozeß zum ersten Mal anbot. Zwölf Teilnehmer saßen um einen Konferenztisch herum, und jeder von ihnen stellte sich vor und erzählte ein bißchen von sich. Als der letzte Teilnehmer, Mark, der zu meiner Linken saß, an der Reihe war, sagte er: „Ich bin hier, weil ich meine Mutter hasse, und ich hasse mich selbst, und in meinem ganzen bisherigen Leben ging es um nichts anderes als Haß... und dabei will ich doch einfach nur geliebt werden." Dann begann er zu weinen, und sein ganzer Schmerz brach unter Schluchzen aus ihm heraus. Ich fragte Mark, ob er seine Geschichte gern mit den anderen teilen würde, und er begann, uns Einzelheiten aus seinem Leben zu erzählen. Er wirkte dabei ganz unbeteiligt.

Also, das war so – als ich geboren wurde, warf meine Mutter mich fort, sie warf mich einfach in einen Müllcontainer im Krankenhaus. Aber ich schrie laut genug, um von den Krankenschwestern entdeckt zu werden. Nachdem man mich ein paar Wochen im Krankenhaus behalten hatte, entschied irgend jemand, daß meine Mutter mich behalten müsse, und so gaben sie mich ihr zurück, obwohl sie sagte, daß sie mich nicht haben wollte.

Im Laufe der folgenden zehn Jahre war Mark wiederholt schwersten Mißhandlungen seiner Mutter ausgesetzt und pendelte zwischen seinem Zuhause und verschiedenen Waisenhäusern und Krankenhäusern hin und her. Schließlich landete er im Jugendgefängnis. Seine Mutter versuchte, ihn zu ersticken, drückte brennende Zigaretten auf seiner Haut aus, sperrte ihn in den Kleiderschrank. Er konnte sich nicht daran erinnern, daß sie ihn je umarmt oder ihm gesagt hatte, daß sie ihn mochte. Im Gegenteil, sie sagte ihm, wie sehr sie ihn haßte, und machte ihn verantwortlich für ihr verpfuschtes Leben.

Nachdem Mark zu Ende gesprochen hatte, hing eine drückende Stille im Raum. Ich dankte ihm für seine Bereitschaft, seine Geschichte mit uns zu teilen, und versicherte ihm, daß er noch vor Ende des Seminars die bedingungslose Liebe, nach der er sich sehnte, erfahren und seiner Mutter für ihren Beitrag zu seinem Leben danken würde. Ich wußte, daß er mir zu diesem Zeitpunkt nicht glauben würde, aber er blieb da, und als wir später mit dem *Collapse*-Prozeß arbeiteten, wollte er unbedingt als erster anfangen. In weniger als zwei Stunden füllte Mark über fünf Seiten mit negativen Eigenschaften und Verhaltensweisen, die er an seiner Mutter wahrnahm. Als ich ihm erklärte, der nächste Schritt bestünde darin, für jeden negativen Aspekt einen positiven zu finden, nannte er mich einen Phantasten und drohte, die Gruppe zu verlassen. Doch schließlich entschied er sich, durch den gesamten Prozeß zu gehen.

Als ich mir ein paar Stunden später Marks Listen anschaute, sah ich, daß er fast so viele positive wie negative Eigenschaften aufgeschrieben hatte. Es fehlten nur noch etwa zwanzig zum vollkommenen Ausgleich. Ich fragte ihn, was er über sich selbst herausgefunden habe, und er antwortete: „Also, ich muß sagen, dies ist das Schwierigste, was ich je in meinem Leben gemacht habe. Ich hätte nicht geglaubt, daß es überhaupt irgend etwas Positives an meiner Mutter gäbe, aber während der letzten paar Stunden habe ich mich tatsächlich an ein paar wundervolle Dinge erinnert und sogar ein paarmal laut gelacht über die lustigen Sachen, die sie manchmal sagte." Ich sah, daß Marks Wahrnehmung allmählich ins Gleichgewicht kam, aber ich wußte auch, daß noch sehr viel Wut auf seine Mutter in ihm steckte, und Wut blockiert den Fluß bedingungsloser Liebe. Nachdem Mark die Spalten der positiven und negativen Aspekte ausgeglichen hatte, bat ich ihn, sich die Negativliste noch einmal anzuschauen und sich an drei Situationen zu erinnern, in denen er anderen das gleiche angetan hatte wie seine Mutter einst ihm. Ich bat ihn, in allen sieben Bereichen seines Lebens – dem physischen, mentalen, spirituellen, familiären, gesellschaftlichen, finanziellen und beruflichen – zu suchen, um Beispiele zu finden. Nachdem er etwa eine Stunde lang an diesem Teil des Prozesses gearbeitet hatte, sagte Mark, er hätte ein paar Dinge auf seiner Liste, die seine Mutter getan hatte, er aber mit Sicherheit nicht. Als ich ihn um ein Beispiel bat, sagte er: „Ich habe noch nie mein eigenes Baby weggeworfen!" Als ich ihn fragte, wie er sich fühle, wenn er daran dachte, daß seine Mutter ihm das angetan hatte, erwiderte er, er empfinde Ablehnung und Wut.

Ich fragte ihn also, wann er mit einem Menschen so umgegangen war, daß dieser sich wütend und abgelehnt gefühlt hatte. Obwohl er weiterhin abstritt, jemals so etwas getan zu haben, erwähnte er, als wir in den anderen Lebensbereichen nach diesem Beispiel forschten, eine Frau namens Mariel, mit der er vor einigen Jahren verlobt gewesen war. Die Beziehung war in die Brüche gegangen. Ich spürte, daß dies das Beispiel war, nach dem wir suchten, und fragte Mark, weshalb sie sich getrennt hatten. „Ich weiß nicht genau", sagte er. „Sie war großartig, und ich habe es vermasselt." Ich bat ihn, mir zu erklären, auf welche Weise er es „vermasselt hatte", und er erzählte: „Ich bekam Angst und löste unsere Verlobung ein paar Wochen vor dem geplanten Hochzeitstermin. Sie warf mir vor, ich hätte sie vor dem Altar weggeworfen, und seither habe ich sie nicht mehr gesehen oder gesprochen." Als ich

Mark fragte, ob er Mariel geliebt habe, sagte er, er liebe sie noch immer. „Du hast sie also geliebt und hast sie fallenlassen, weil du Angst hattest", sagte ich. Er nickte. Sanft fragte ich ihn: „Hat sie sich so wütend und abgelehnt gefühlt wie du, als du erfuhrst, daß deine Mutter dich als Kind einfach wegwarf?" Mark riß die Augen auf und konnte nur noch „Oh, mein Gott" stammeln.

Im Laufe des Tages kamen noch ein paar andere Dinge zur Sprache, die Mark seiner Meinung nach ebenfalls nie getan hatte. Doch jedesmal fand er eine Entsprechung in irgendeinem Bereich seines Lebens, und am Ende des Tages konnte er sehen, auf welche Weise die von ihm als negativ wahrgenommenen Dinge ihm gedient und Positives hervorgebracht hatten. Mark räumte ein, daß er selbst all die Dinge getan hatte, deretwegen er wütend auf seine Mutter war, und er war in der Lage zu erkennen, daß seine Mutter in Wirklichkeit ebenso viele positive wie negative Eigenschaften hatte. Nachdem er seine Liste vervollständigt und seine Emotionen vollkommen ins Gleichgewicht gebracht hatte, erlebte er einen Durchbruch. Er ließ die vielen Jahre des Hasses hinter sich und betrat den Raum bedingungsloser Liebe durch die offene Tür seines Herzens. Plötzlich spürte er Dankbarkeit für sein Leben, und alle Gruppenteilnehmer weinten Tränen der Dankbarkeit mit ihm, denn jeder spürte die Kraft der Liebe, die nun durch ihn floß. Mark strahlte von innen heraus, als er sagte: „Ich danke Gott für meine Mutter." Jene Mutter, die er noch ein paar Stunden zuvor gehaßt hatte.

Dankbarkeit öffnet Ihr Herz

> Zu lieben und geliebt zu werden heißt, die Sonne von beiden Seiten zu spüren. *David Viscott*

- Emotionale Ladungen und einseitige Wahrnehmung führen zu Undankbarkeit.

- Ihr Herz kann sich nur am Gleichgewichtspunkt des Auf und Ab Ihrer Emotionen öffnen.
- Je dankbarer Sie sind, desto weiter öffnet sich Ihr Herz.
- Je offener Ihr Herz ist, desto mehr lösen sich Ihre Grenzen und Einschränkungen auf.

Viele Menschen begreifen, daß ein offenes Herz die Voraussetzung für bedingungslose Liebe ist, aber nur wenige sind so dankbar, daß sie ihre Herzen unmittelbar öffnen können, wenn sie es möchten. Es scheint, daß die meisten Menschen diese Momente der Liebe völlig überraschend erleben, wenn sie durch irgendeine Erfahrung von Dankbarkeit überwältigt werden.

Solche das Herz öffnenden Momente der Dankbarkeit erleben wir beispielsweise bei der Geburt eines Kindes, wenn wir einen geliebten Menschen umarmen, der sicher nach Hause zurückgekehrt ist, wenn wir knapp einer Verletzung oder jenem Tod genannten Übergang entkommen sind oder nach überstandener Krankheit neue Kraft spüren. Wir müssen jedoch nicht auf solche Augenblicke warten. Wir können sie selbst herbeiführen, indem wir unseren Blick auf die Geschenke unseres Lebens, die Herrlichkeit dieses unermeßlichen Universums und das Wunder des Lebens richten. Dankbarkeit erzeugt mehr Dankbarkeit, gerade so, wie Undankbarkeit mehr Undankbarkeit nach sich zieht. Mit anderen Worten, je mehr wir uns auf die guten Dinge in unserem Leben konzentrieren, desto mehr gute Dinge wird es geben, auf die wir uns konzentrieren können, und desto dankbarer werden wir.

Ich erhielt folgenden Brief von einer Frau, die vor einigen Jahren in der *Breakthrough*-Gruppe lernte, voller Dankbarkeit ihr Herz zu öffnen. Dieser Brief, einer von vielen ähnlichen, die ich erhalte, faßt in wenigen Worten zusammen, wie ein Leben sich verändern kann, wenn wir uns auf Dankbarkeit und das Öffnen unseres Herzens konzentrieren.

Lieber Doktor Demartini,
seit ich mit dem Collapse-Prozeß gearbeitet habe, hat sich meine Sichtweise des Lebens allmählich zu einem tiefen Verstehen gewandelt. Nach dem ersten „Collapse" hatte ich noch keine Vorstellung davon, welche grundlegende Transformation stattfinden würde. Zum ersten Mal in meinem Leben konnte ich spüren und ausdrücken, was bedingungslose Liebe ist. Bedingungslose Liebe – das weiß ich jetzt – ist das liebevolle, mitfühlende Annehmen jeder Person und Situation und das Wissen, daß diese Menschen und Ereignisse in mein Leben treten, um mir zu helfen, mein höchstes Ziel zu erreichen. Es gibt keine Fehler.
Wenn man mit Hilfe des Collapse-Prozesses seine Wahrnehmungen transformiert, überwindet man Raum und Zeit. Ich arbeitete mit dieser Methode an vergangenen und gegenwärtigen Beziehungen und gelangte dadurch zu einer bis dahin nie gekannten Tiefe des Verstehens und der Liebe. Meine Liebe für die Menschen und Ereignisse in meinem Leben ist seither auf wunderbare Weise gewachsen. Noch mehr erstaunt mich allerdings, wieviel Ehrfurcht, Demut und Liebe ich heute in bezug auf Gott und das Universum empfinde. Als ich begann, diese Veränderungen anzunehmen, und spürte, wie mein Herz sich öffnete, begann ich auch zu erkennen, daß mein Leben einen großartigen Sinn hat, und die Liebe, die ich für mich selbst, für andere und für Gott empfinde, hat mein Leben für immer verändert. Ich danke Ihnen und dem Universum für dieses wunderbare Instrument der Transformation, denn jetzt kann jeder von uns Verantwortung dafür übernehmen, bedingungslose Liebe in seinem Leben zu verwirklichen.

In Liebe
Loanne

Bedingungslose Liebe ist stärkste Kraft im Universum

Liebe überwindet alles. *Virgil*

- Bedingungslose Liebe bringt jeden, den Sie lieben, in Ihre Gegenwart.
- Bedingungslose Liebe ist die Antwort auf alle wichtigen Fragen.
- Bedingungslose Liebe löst jede krankmachende emotionale Ladung auf.
- Bedingungslose Liebe heilt.

Bedingungslose Liebe führt Sie über die Illusionen von Raum und Zeit hinaus und hilft Ihnen, sich mit allen Menschen, die Sie lieben, unmittelbar zu verbinden. Das heißt nicht, daß der physische Körper des Betreffenden in Erscheinung tritt, sondern, daß zwischen Ihnen und dieser Person bedingungslose Liebe fließt, die Ihre Herzen und Ihre Seelen miteinander verbindet.

Bedingungslose Liebe unterliegt nicht den Grenzen von Zeit und Raum, die unseren physischen Körpern gesetzt sind. Sie ist ein Zustand des Erwachens, der Erleuchtung, in welchem wir Antworten auf alle unsere Fragen finden. Sie ist der Grund für unser Dasein in physischer Form. Wir sind hier, um bedingungslose Liebe zu lernen. Das können wir auf dem Weg der Freude oder aber auf einem mühsamen, harten Weg tun. Doch welchen Weg wir auch wählen, irgendwann erfüllt jeder von uns diese Lernaufgabe, denn unsere Rückkehr zur Quelle des Lebens ist unvermeidlich.

Bedingungslose Liebe ist das Grundgesetz und die stärkste Kraft im Universum. Sie verbindet uns mit wahrer Heilkraft und mit dem Unendlichen. Sie ist unsere Mission, unser Daseinszweck und unsere Leiter zu den Sternen. Als Kind verbrachte ich oft viele Stunden damit, in den Sternenhimmel zu schauen und mich zu fragen, warum ich auf dieser Erde bin und was das alles zu bedeuten hat. Die Gesetze des Universums faszinierten mich, und ich war überzeugt, daß es irgendeine Art von echter Magie geben müsse, die all das beherrschen könne. Damals suchte ich nach magischen Kräften in der Außenwelt. Heute weiß ich, daß die höchste magische Kraft – die bedingungslose Liebe – in mir, in Ihnen und in allen und allem wirkt.

Die Wahrheit ist...

> Wir machen all das hier gemeinsam durch – jeder für sich.
> *Lily Tomlin*

- Sie sind eins mit allem und jedem, das oder der existiert.
- Wenn Sie wahrhaft dankbar sind, überwinden Sie die Illusionen von Raum und Zeit und steigen mit Ihrem Herzen und Ihrer Seele auf.
- Bedingungslose Liebe ist die Wahrheit des Herzens, die sich in allen echten Wissenschaften und Religionen wiederfindet.
- Bedingungslose Liebe ist allwissend, allheilend und allmächtig.

Gedanken...

> Die Weisen wollen Liebe, und die, die lieben, wollen Weisheit.
> *Percy Bysshe Shelley*

1. Erinnern Sie sich an einen Augenblick in Ihrem Leben, als Ihr Herz offen war und Sie die Kraft bedingungsloser Liebe spürten.
2. Schließen Sie die Augen und rufen Sie sich diesen Augenblick langsam in allen Einzelheiten ins Gedächtnis.
3. Was empfanden Sie physisch, mental und spirituell, bevor, während und nachdem Ihr Herz sich öffnete?

4. Stellen Sie sich bequem hin und lassen Sie die Arme entspannt herabhängen. Neigen Sie den Kopf leicht zurück und schauen Sie in den Himmel oder an die Zimmerdecke. Schließen Sie langsam die Augen und bedanken Sie sich still für die Erfahrung der Liebe, an die Sie sich gerade erinnert haben. Danken Sie allen Menschen, die Ihnen geholfen haben, das zu werden, was Sie heute sind. Spüren Sie dieses Gefühl der Dankbarkeit, bis Ihr Herz sich öffnet und Sie sich in einem Zustand bedingungsloser Liebe befinden. Seien Sie nun ganz still und lauschen Sie auf die Stimmen Ihres Herzens und Ihrer Seele, die Sie leiten werden.

... verwirklichen

Seid niemand nichts schuldig, als daß ihr euch untereinander liebet: Denn wer den anderen liebt, der hat das Gesetz erfüllt. *Römer 13, 8*

1. Schreiben Sie die Initialen eines Menschen, für den Sie gern mehr Liebe empfinden würden, auf ein Blatt Papier.
2. Notieren Sie alle negativen und positiven Eigenschaften und Verhaltensweisen, die Sie an dieser Person wahrnehmen. Wenn Sie genauso viele positive wie negative Eigenschaften niedergeschrieben haben, gehen Sie zum nächsten Schritt über.
3. Beschreiben Sie für jede negative und jede positive Eigenschaft auf dieser Liste eine Situation aus Ihrem Leben, in der Sie das gleiche taten oder die gleiche Eigenschaft zeigten.
4. Schreiben Sie einen Dankesbrief an diesen Menschen. Lassen Sie diese Dankbarkeit zu, bis Ihr Herz sich öffnet und Sie die Kraft bedingungsloser Liebe spüren.

Affirmationen

- Ich bin eins mit allem und jedem, das oder der existiert.
- Ich bin dankbar für das, was ist, wenn es ist.
- Ich öffne mein Herz für die heilende Kraft bedingungsloser Liebe.
- Ich steige mit meinem Herzen und meiner Seele auf den Flügeln der Liebe auf.
- Ich werde heil.

Schlußwort

Die schönste und tiefste Erfahrung, die wir machen können, ist die Erfahrung des Mystischen. Sie ist die Mitgift aller echten Wissenschaften. Der Mensch, dem diese Erfahrung fremd ist, der nicht mehr staunen und von Ehrfurcht überwältigt werden kann, ist so gut wie tot.
Zu wissen, daß das Unfaßbare wirklich existiert, sich als höchste Weisheit und strahlendste Schönheit manifestiert, welche unsere dumpfen Sinne nur in ihrer primitivsten Form wahnehmen können – dieses Wissen, diese Empfindung ist die Quelle wahrer Religiosität.
Albert Einstein

Auf daß Sie angesichts der Vollkommenheit und Herrlichkeit dieses Universums tiefe Ehrfurcht empfinden mögen.

Auf daß Sie der Weisheit Ihres Herzens und Ihrer Seele lauschen und ihr folgen mögen.

Auf daß Sie den Segen und die Heilkraft der stärksten aller Kräfte – der bedingungslosen Liebe – erfahren mögen.

Auf daß Sie dankbar sein mögen und geheilt werden.

Quellen

Um die Privatsphäre von Dr. Demartinis Klienten zu schützen, wurden die Namen in den zitierten Fallgeschichten geändert.

Die aufgeführten Zitate entstammen den folgenden Büchern. Wir danken den Autoren beziehungsweise den Verlagen für die freundliche Genehmigung zum Abdruck.
Trotz sorgfältiger Recherche ist es nicht in allen Fällen gelungen, die Autoren der Zitate ausfindig zu machen.

Adams, Brian: *How to Succeed*, Wilshire Book Co., North Hollywood, Cal., 1985
Fitzhenry, Robert / Barker, Anthony: *The Book of Quotations*, Allen and Unwin, New South Wales, Australia, 1994
Gibran, Kahlil: *Der Prophet*, Walter Verlag, Düsseldorf 1974
Klein, Allen: *Quotations to Cheer You up When the World Is Getting You Down*, Sterling, New York 1991
Nerburn, Kent / Menglekoch, Louise, eds.: *Native American Wisdom*, New World Library, San Rafael, Cal., 1991
Poole, William: *The Heart of Healing*, Turner Publishing, Atlanta 1993

Über den Autor

Alle Jubeljahre einmal taucht ein inspirierter Mensch aus der Masse auf, durchbricht die konventionellen Denkbarrieren und entwickelt ein neues Paradigma, eine neue Philosophie und Wissenschaft der Transformation.
Dr. John F. Demartini ist ein außergewöhnlicher und begabter Mensch, der in den Bereichen der Philosophie und Heilkunst über ein breites Spektrum an Erfahrung und Wissen verfügt. Mit seiner Vision ist er seiner Zeit zweifellos weit voraus.

Mit seiner erhellenden Sichtweise, seiner humorvollen Betrachtung der menschlichen Natur und mit vielen praktischen Übungsschritten erweckt er sein Publikum in aller Welt zu neuem Leben. Wenn er spricht, öffnen sich die Herzen, fühlen Zuhörer und Zuhörerinnen sich inspiriert und zum Handeln motiviert. Seine Seminare für persönliches Wachstum und beruflichen Erfolg spiegeln tiefe Weisheit wider, und sein revolutionäres Verständnis der Heilkraft bedingungsloser Liebe transformiert die bisher bekannte Psychologie und das Leben von Millionen von Menschen.

Danksagung

Ich danke meiner wunderbaren Frau Athena für ihre Geduld, Inspiration und Liebe.

Ich danke einem meiner ersten Mentoren, Dr. Paul Bragg, der mich dazu ermutigte auf das innere Flüstern meines Herzens und meiner Seele zu hören – und ihm zu folgen.

Ich danke meiner Verlegerin Annie Jennings dafür, daß sie an meine Botschaft der Dankbarkeit und Liebe glaubte und mir half, sie mit anderen zu teilen.

Ich danke meiner Lektorin Toni Robino für ihre kreativen Einfälle, ihr Verstehen universaler Prinzipien und ihre Liebe zu der in diesem Buch dargelegten Philosophie.